TOPAS SellConnect

최신 항공예약

Airline Reservation System

인간이 만든 가장 위대한 발명품 중 하나가 항공기라고 할 수 있다.

지금으로부터 100여 년 전 인류는 마침내 몇 천 년에 걸친 오랜 꿈을 이루었다.

수많은 선조들의 실패와 시도가 마침내 결실을 이루었고, 인류는 비행을 시작하게 되었다.

이후 수년간 인류는 좀 더 빨리, 좀 더 멀리, 좀 더 많이 항공기를 이용하여 이동하는 기술을 발전시켰고,

세계를 하나로 묶을 수 있는 세계화, 지구촌화에 결정적인 기여를 하였다.

항공기를 이용한 항공운송산업은 인적·물적으로 지역 간 교류와 관광산업의 양적 성장에 수많은 영향을
미쳤다.

이제 항공산업은 지구상에서 여객과 화물을 이동시키는 가장 대중적인 교통수단이 되었으며, 향후 현 항공
수요는 4배 이상이 증가할 것으로 예상하고 있다.

현재 우리나라도 해외여행 자유화 이후 항공수요가 폭발적으로 증가하고 있으며, 수출 주도 경제성장을
이루어 출장자(상용수요)의 출국 증가와 레저수요의 증가로 매년 출국자 수를 증폭해 나가고 있다.

2005년부터 LCC(Low Cost Carrier)가 설립되어 항공산업의 본격적인 경쟁체제가 돌입 되었고, 최근
3개의 LCC 항공사의 운항허가로 인하여 더욱더 경쟁이 치열해 지고 있으며, 아시아나 항공의 매각 확
정으로 인해 항공업계의 최대 관심사가 되고 있는 실정이다.

이에 따라 항공산업에서 종사할 종사자의 수요도 증가하고 있으며, 실제로 조종사의 공급은 매우 부족한
현실이라고 한다. 100여 년 전에 21세기의 항공산업의 변화를 예측할 수 없었 듯 앞으로 100년 후의 항
공산업은 현재보다 얼마나 더 발전해 있을지 예측하기 어려운 실정이며, 항공산업 종사자들은 역동적
인 변화 속에서 일하고 있다.

이처럼 항공산업의 중요성과 함께 최근 전국 관광계열 및 항공계열 대학에서는 항공사경영 및 예약업무에
대한 관심을 가지고 그 이론과 실무를 배우려는 학생들을 위해 교육용시스템을 개발하여 CRS 과정과
항공실무 과정의 강의개설이 학습을 하고 있다.

Preface

본서는 항공예약업무를 실습하는 학생들을 대상으로 집필하였으며, 세계적 GDS(Global Distribution System) 중 Amadeus에 Migration 된 Topas Sellconnect를 사용하여 항공예약을 할 수 있도록 구성하였다.

전체적인 구성은 GDS를 활용한 예약 실무지식을 활용하여 현장에서 예약수배업무를 할 수 있도록 실무적 접근에 중점을 두었으며, 국가직무능력표준 (NCS : National competency Standards) 예약수배업무의 학습모듈 내용을 포함하여 구성하였다.

항공예약 업무는 항공사의 가장 중요한 좌석을 판매하는 과정으로 항공사의 경영을 이해하기 위해 항공예약 업무에 관한 이해가 필수적이라고 할 수 있다.

하지만, 항공예약업무는 전문적인 용어와 약어 각종 코드가 등장하여 이를 처음 접하는 학생들에게는 어렵게 느껴질 수가 있다.

따라서, 본서는 가능한 한 항공예약업무를 처음 접하는 학생들이 빨리 이해할 수 있도록 쉽게 기술하고자 노력하였다.

관광·항공관련 전공 학생들이 항공예약 수료증을 취득하는 과정에 도움이 될 것이라고 생각한다.

열심히 집필할 수 있도록 협조해 주신 ㈜토파스여행정보 관계자 분들과 한올출판사 관계자 분들에게 진심으로 감사를 전하며, 이 교재가 항공예약 및 항공업무를 하기 위해 학업하는 학생들에게 유용한 길잡이가 되길 바랍니다.

2019년 7월 용현동 연구실에서 저자 씀

Contents

Contents

Contents

Contents

Chapter

1

항공여객예약 업무의 이해

 # 1. 항공운송의 개념과 특성

1) 항공운송의 개념

항공운송(Air Transportation)이란 항공기를 이용하여 여객(Passenger)과 화물(Freight)을 운송하는 경제활동이다.

이러한 항공운송을 사업영역으로 하는 기업이 항공사(Airline)이고 항공기를 이용하여 경영행위를 하는 사업이 항공운송사업(Air Transportation Business)이다.

넓은 의미의 항공운송사업은 정기, 부정기, 전세 항공 뿐 아니라 개인의 레저목적이나 일반기업의 항공활동, 교육훈련 등의 개별적인 운송활동을 하는 모든 일반 항공도 포함된다.

좁은 의미의 항공운송사업은 통상 일반항공이 제외되며 항공사의 상업적 목적의 운송만을 대상으로 한다. 따라서 일반적 의미의 항공운송사업은 타인의 수요에 맞추어 항공기를 사용하여 유상으로 여객이나 화물을 국내·외 항공노선을 따라 목적지 공항까지 운송하는 사업을 말한다.

2) 항공운송 서비스

항공운송에서 이의 주된 속성은 서비스이고, 이를 위해 항공기라는 유형재를 이용하여 설정된 항공 노선을 운항하여 여객과 화물을 안전하게 목적지까지 운송해 주는 것이 항공운송 서비스(Air Transport Service)이다. 항공운송 서비스는 항공기종(Aircraft), 항공기정비(Maintenance), 좌석 및 화물칸을 포함하는 기내 공간, 운항스케줄, 좌석예약 및 항공권 발행, 공항에서의 탑승수속, 기내서비스, 수화물 인도서비스 등 유·무형의 서비스가 복합적으로 구성되어 있다. 따라서 항공운송을 대표적인 서비스 산업으로 분류한다.

(1) 항공운송 산업의 특성

항공 운송산업은 항공기 및 이의 운항과 관련된 인적, 기술적 자원은 물론, 공항 등의 대규모적인 설비 투자와 운항 안전을 도모하기 위한 제도적인 장치와 국제성에 기인한 운항 요건과 같은 복합적인 특성을 지니고 있다. 이 산업의 특성을 다음과 같이 요약 할 수 있다.

수송력과 정기성의 유지, 생산과 소비의 동시성, 구조적인 과잉공급, 국제운송의 전제로서의 항공협정, 자본과 노동 및 기술 집약적인 산업, 낮은 생산탄력성, 국제 및 정부의 규제 등과 같은 특성을 들 수 있다.

(2) 항공운송 서비스의 특성

항공운송은 육상운송이나 해상운송 등에 비하여 다음과 같은 특성이 있다.

- 신속성 : 운송 소요시간이 상대적으로 짧다.
- 정시성 : 운항스케줄에 의한 운항시간과 횟수 등을 설정하고 정시운항을 서비스 우선과제로 하고 있다.
- 안전성 : 운항 안전성이 중요하며 타 교통수단에 비하여 안전성이 양호하다.
- 쾌적성 : 여타 교통수단에 비하여 상대적인 쾌적성이 평가되고 있다.
- 경제성 : 운임이 상대적으로 높지만 시간가치와 기회비용을 고려할 때는 경제성이 있다.
- 기타 : 공익성, 자본집약성, 수요의 계절성 등을 들 수 있다.

2. 항공예약 시스템(GDS 시스템)

항공예약 시스템은 전 세계의 컴퓨터 기술을 발전시킨 계기가 되었으며, 무엇보다 인터넷의 혁명을 가져온 주역이기도 하다. 항공예약시스템이 항공사의 영업과 수익 관리를 위해 필수적인 시스템으로 발전되어져 왔다. 예전에는 항공사마다 단순한 예약 시스템의 개발이 전부였다면 현재는 전 세계의 예약을 GDS(Global Distribution System) 시스템을 통하여 보다 편리하고 쉽게 예약할 수 있는 환경을 만들었다.

대한항공은 기존의 CRS(Computer Reservation System)인 토파스시스템을 통하여 우리나라에서 항공예약 시장을 선점하였다. 하지만 CRS의 한계점을 빨리 인식하고 세계적 GDS시스템 회사인 아마데우스(AMADEUS) 시스템과 계약하여 새롭게 TOPAS Sell Connect을 개통하여 토파스 차세대 예약시스템의 명칭으로 우리나라 여행사 직원들이 쉽게 항공예약을 진행할 수 있는 환경을 조성하고자 하고 있다.

CRS시스템에서 발전한 GDS시스템 시장은 현재 아마데우스(AMADEUS), 갈릴레오(GALILEO), 세이버(SABRE), 월드스팬(WORLDSPAN) 순으로 시장을 점유하고 있다.

현재까지 한국 시장의 항공예약 시스템 점유율은 토파스 셀커넥(TOPAS SellConnect), 아시아나세이버(ASIANA SABRE), 갈릴레오(GALILEO), 월드스팬(WORLDSPAN)등의 순으로 나타났다. 2018년부터 대한민국에서는 GDS시스템이 전성시대를 맞이할 것으로 분석된다.

MEMO

2
Chapter

CRS /
토파스 소개

1. CRS

CRS의 발달은 1964년 American Airlines이 사내 항공예약 시스템의 전산화를 목적으로 IBM과 개발한 SABRE가 시초가 되었으며, 그 이후 1970년대에 전산화된 항공예약 시스템이 여행사에 보급되었다. 이러한 전산 달말기를 통해 항공편의 예약, 발권은 물론 항공 운임 및 기타 여행(버스, 철도, 공연, 스포츠 등 여행 및 레저)에 관한 종합적인 서비스를 제공하는 시스템을 의미한다. 수작업으로 이루어지던 복잡한 예약, 발권 업무를 CRS가 대체하면서 여행사 직원들은 편리하고 정확하게 업무 수업을 할 수 있게 되었으며, 항공여객 증가로 인해 중요성서 점차 증가하고 있다.

CRS의 특징은 1984년 미국 교통부에서는 항공사 간 공정경쟁을 보장하고 소비자 보호를 목적으로 CRS 관련 법규를 제정 및 공표하고, 특정 항공사가 유리하도록 화명 구성을 할 수 없도록CRS의 중립성(비차별성)을 유지하였다. 그 이후 CRS 사업은 새로운 고부가가치 사업으로 항공사와 분리되어, 항공업무의 전산화를 위해 개발되었지만 고유 업무에만 국한되지 않고 그 영역을 확장하여 관광산업 전반의 종합적인 정보를 제공하는 전산 시스템으로 빠르게 진화하고 있는 실정이다.

2. TOPAS

TOPAS는 1975년 대한항공이 사내 업무 전산화를 위해 KALCOS를 진행하는 것이 시초가 되어 국내에 CRS와 함께 발전하였다. 성능이 개선되어 1984년에는 최초로 여행사에도 보급되기 시작하여, 1980년대 중반에는 한국 항공 시장의 확대에 따라 미국이 한국의 항공시장 및 CRS의 개발을 요구하였다. 그 이후 1987년 정부와 대한항공 합작으로 항공예약 등 부가 통신 사업전문회사인 한국 여행정보(KOTIS)를 설립하였다. 1989년 KOTIS는 대한항공의 KALCOS 및 항공사가 연결하여, 1990년 10월 여행사 중심의 TOPAS라는 경쟁력 있는 진정한 의미의 중립 CRS를 구축 및 보급하였다.

TOPAS는 대한항공과 세계 최대 항공 및 여행 관련 IT기업인 아마데우스(Amadeus)가 공동 출자하여 설립한 종합 여행정보 시스템 회사로, TOPAS SellConnect는 토파스 차에대 예약시스템의 명칭으로 여행사의 판매(Sell)를 증대시키고 항공사, 여행사 그리고 고객을 하나로 연결(Connect) 하는 의미를 갖고 있다. 시간과 장소에 구애 받지 않으며, 언제 어디서나 항공 예약발권업무 처리가 가능하며, 여행사 실무 과정에서 항공권 재발행 및 환불처리와 같은 업무를 자동으로 처리해주고 운임 차액을 자동 계산해주는 Auto Ticket Changer와 같은 선진 GDS 기능들이 적용됨에 따라 여행사의 업무 프로세스를 획기적으로 개선하고 있는 실정이다,.

3 Chapter

예약의 기초

1. 토파스 Sellconnect의 이해

1) 접속 URL

www.topassellconnect.com

2) 로그인(Log In)

○ 여행사에서는 Manager e-mail Address SellConnect 사용자의 개인 e-mail Address 를 등록

○ 여행사에서 ID를 잊어버린 경우 또는 e-mail Address를 잊어버린 경우 TOPAS Customer Service Center에 연락하여 처리

3) SellConnect의 초기 화면 구성

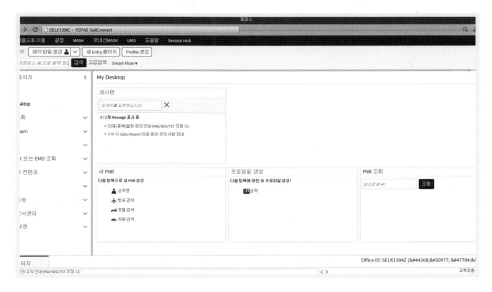

　　○ 화면 상단의 '새 Entry 페이지'를 클릭하면 아래에 작업장이 생성됨

4) 로그아웃(Log Out)

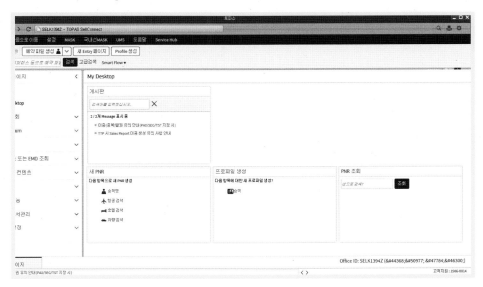

　　○ Log Out은 우측 상단의 Sign Out을 클릭하거나 작업창의 ☒마크를 클릭 함

>	SOM(Start of Message)
	지시어(문자)의 시작 위치로 화면의 좌측에 항상 표시된다.
I	CURSOR
	지시어의 각 글자가 Type 될 위치로 한자씩 입력할 때마다 뒤로 이동한다.

2. Key Board 사용법

1) Enter

지시어(Entry)를 Main Computer로 보내 작업을 수행시키는 역할을 한다.

2) Entry History

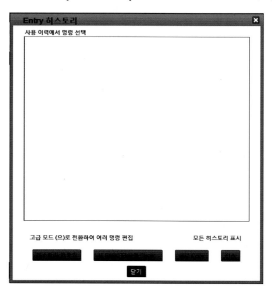

Alt + **↑** = 이전에 입력한 Entry 를 불러오는 기능이다.

Alt + **➡** = 이전에 입력한 Entry 를 불러오는 기능이다.

3) Entry와 함께 쓰이는 부호들

부호	명칭	기 능
*	Asterisk	지시어 상에서 항목을 구분해 주는 기능
/	Slash	다른 내용의 Item 분류 가능, Insert 기능
–	Hyphen	From ~ To 기능

3. Scrolling (화면 이동)

Entry	기 능
MD	다음 페이지로 이동
MT	다음 페이지로 이동
MB	맨 아래(마지막) 페이지로 이동
MU	위(이전) 페이지로 이동

MD

```
>  MD


9B  9G  9H  9N  9Q
>                                                    PAGE   2/ 2
*TRN*
```

FQDSELLON/D13OCT

```
>  FQDSELLON/D13OCT

FQDSELLON/D13OCT

NO YY FARES
AA  AB  AC  AF  AI  AY  AZ  BA  BD
BI  BR  CA  CI  CX  CZ  DE  DL  EK
ET  EW  EY  FZ  GA  GF  GS  HG  HU
HX  HY  IB  JD  JJ  JL  JU  KC  KE
KL  KQ  KU  LA  LH  LO  LT  LX  MF
MH  MK  MP  MS  MU  NH  NW  NZ  OS
OZ  PR  PS  QF  QR  RJ  SK  SN  SQ
SU  SV  S2  TG  TK  TN  UA  UL  UN
UX  VA  VN  VS  WY  ZH  3U  4L  6X
9W  /YY*AA  AC  AF  AK  B0  C6  DY
D2  D7  EK  E6  FD  FN  FR  GI  GX
G5  HV  H1  JD  JJ  J9  KE  LA  LH
LL  LQ  LS  MF  OD  OZ  PZ  QH  QZ
RB  RY  R3  R7  R8  SB  SP  S3  TB
TW  UA  UN  UR  U2  VB  VK  VY  WW
W2  W7  XF  XJ  XL  X5  YC  YZ  ZE
Z2  3U  4M  40  4U  5Q  6Q  7A  7C
>                                                    PAGE   1/ 2
*TRN*
```

4. 각종 정보 찾기

구분	Information 조회 (GG : Go Go)		Help 조회
기본 Entry	GG xxxxx	내용	지시어 상에서 항목을 구분해 주는 기능
유용 Entry	GG AIS GG AIR TG GG CODE X	Amadeus Information Index 항공사 TG에서 업데이트한 정보 X로 시작하는 코드조회	다른 내용의 Item 분류 가능, Insert 기능
여행사 정보	Hyphen		From ~ To 기능

5. Office ID(OID)

1) Office ID

TOPAS SellConnect가 적용되는 여행사 단위

2) Office ID Structure

구분	Information 조회 (GG : Go Go)		Help 조회
기본 Entry	GG xxxxx	내용	지시어 상에서 항목을 구분해 주는 기능
유용 Entry	GG AIS GG AIR TG GG CODE X	Amadeus Information Index 항공사 TG에서 업데이트한 정보 X로 시작하는 코드조회	다른 내용의 Item 분류 가능, Insert 기능
여행사 정보	Hyphen		From ~ To 기능

6. Decode / Encode

1) Decode / Encode

- Decode = De + Code^(Code의 의미를 풀어보는 작업)
- Encode = En + Code^(각각의 명칭을 Code로 만드는 작업)
- 항공사, 주, 국가, 기종 등을 확인하고자 경우 = TOPAS SellConnect는 Decode / Encode 지시어를 동일하게 사용

2) Decode(HE Decode)

DAC PAR	DAC : Do A Code

Entry	Structure	Structure
DC	Do Country	DC FR
DNS	Dont Know States	DNS US CA
DNA	Dont Know Airlines	DNA CX, DNA 180
DNE	Dont Know Equipment	DNE 744
DNC	Dont Know Car	DNC ZE
DNH	Dont Know Hotel	DNH HL
DB	Multi Airport List	DB NYC
DM	MCT(Minimum Connection Time)	DMJFK-EWR(두개 공항 간)
DD		DMDL JFK10AUG(한 공항 안에서)
DNC	Dont Know Car	DNC HERTZ

3) Encode(HE Encode)

DAN PARIS	DAN : Do A Name

Entry	Structure	Encode Entry(Full Name)
DAN	Do A Name	DANCHI*
DC	Do Country	DC FRANCE
DNS	Dont Know States	DNS CALIFORNIA
DNA	Dont Know Airlines	DNA CATHAY PACIFIC
DNE	Dont Know Equipment	DNE BOEING
DNC	Dont Know Car	DNC HERTZ
DNH	Dont Know Hotel	DNH HILTON

4) City Code

(1) Decode

DANPARIS

```
DANPARIS
A:APT B:BUS C:CITY P:PRT H:HELI O:OFF-PT R:RAIL S:ASSOC
TOWN

PAR C  PARIS                                              /FR
     A  BVA - BEAUVAIS TILLE              - 67K           /FR
     A  XCR - CHALONS VATRY               -138K           /FR
     A  CDG - CHARLES DE GAULLE           - 22K           /FR
     A  LBG - LE BOURGET                  - 14K           /FR
     A  ORY - ORLY                        - 16K           /FR
     A  POX - PONTOISE CORMEILLES         - 33K           /FR
     A  TNF - TOUSSUS LE NOBLE            - 20K           /FR
     A  VIY - VILLACOUBLAY VELIZY         - 14K           /FR
     H  JDP - ISSY LES MOULINEAUX HP      -  6K           /FR
     H  JPU - LA DEFENSE HELIPORT         -  0K           /FR
     B  XEX - AEROGARE DES INV BUS        -  0K           /FR
     B  XTT - ARC DE TRIOMPHE BUS ST      -  0K           /FR
     B  XGB - MONTPARNASSE BUS STN        -  0K           /FR
     R  XHP - GARE DE L'EST RAIL STN      -  1K           /FR
     R  XPG - GARE DU NORD RAIL STN       -  1K           /FR
     R  XJY - MASSY TGV RAIL STATION      - 17K           /FR

PHT C  PARIS                                              /USTN
     A  PHT - HENRY COUNTY                -  0K           /USTN

PRX C  PARIS                                              /USTX
*TRN*
>
```

(2) Encode

DACPAR

```
> DANPAR


A:APT B:BUS C:CITY P:PRT H:HELI O:OFF-PT R:RAIL S:ASSOC TOWN
PCW C   PAR                                          /GB
LATITUDE: 50°21'20"N          LONGITUDE: 04°21'17"W
TIME DIFF: +0H                LOCAL TIME IS 1655 ON SUN04AUG19
DAYLIGHT SAVING: 31MAR19 AT 0100 TO 27OCT19 AT 0100: +1H
                 29MAR20 AT 0100 TO 25OCT20 AT 0100: +1H
    R   PCW - RAILWAY STATION        - 0K        /GB
*TRN*
>
```

> DANPAR*

```
> DANPAR*


A:APT B:BUS C:CITY P:PRT H:HELI O:OFF-PT R:RAIL S:ASSOC TOWN
PCW C  PAR                                         /GB
     R  PCW - RAILWAY STATION      -  0K           /GB
PBO C  PARABURDOO                                  /AUWA
     A  PBO - PARABURDOO           -  0K           /AUWA
PAJ C  PARACHINAR                                  /PK
     A  PAJ - PARACHINAR           -  0K           /PK
ZJS C  JENA                                        /DE
     R  ZJS - PARADIES RAIL STATION -  0K          /DE
PYS C  PARADISE                                    /USCA
     A  PYS - SKYPARK              -  0K           /USCA
YDE C  PARADISE RIVER                              /CANL
     A  YDE - PARADISE RIVER       -  0K           /CANL
PGR C  PARAGOULD                                   /USAR
     A  PGR - KIRK FIELD           -  0K           /USAR
PKO C  PARAKOU                                     /BJ
     A  PKO - PARAKOU              -  0K           /BJ
PPX C  PARAM                                       /PG
     A  PPX - PARAM                -  0K           /PG
PMT C  PARAMAKATOI                                 /GY
*TRN*
>
```

DBNYC

```
> DBNYC
MULTI-AIRPORT
CITY: NYC    NEW YORK/NY/US
ARPT: EWR    NEWARK LIBERTY INTL
      JFK    JOHN F KENNEDY INTL
      JRA    WEST 30TH HPT
      JRB    DOWN MANH HPT
      LGA    LAGUARDIA
      NBP    BATTERY PK CITY FERRY
      NES    EAST 34ST FERRY
      NWS    PIER 11 WALL ST FERRY
      NYS    SKYPORTS SPB
      SWF    STEWART INTERNATIONAL
      TSS    EAST 34TH HPT
      XNY    39TH STREET FERRY
      ZRP    NEWARK NJ PENN RAIL ST
      ZYP    PENN RAILWAY STATION
*TRN*
>
```

5) State Code

(1) Decode

DNSUSCA

```
> DNSUSCA

DNSUSCA
US CA CALIFORNIA/UNITED STATES OF AMERICA
*TRN*


>
```

(2) Encode

DNSFLORIDA

```
> DNSFLORIDA

DNSFLORIDA
US FL FLORIDA/UNITED STATES OF AMERICA
*TRN*


>
```

6) Nation Code

(1) Decode

DCFR

```
> DCFR


DCFR
FR    FRANCE/EUROPE                  TC2
      CORSICA


EUR   EURO                          LOCAL/INTL PUBLISHED

FRA   FRANCE CITIZEN
FXX   FRANCE, METROPOLITAN CITIZEN
*TRN*

>
```

(2) Encode

DCFRANCE

```
> DCFRANCE

DCFRANCE
FR    FRANCE/EUROPE                 TC2
      CORSICA


EUR   EURO                          LOCAL/INTL PUBLISHED


FRA   FRANCE CITIZEN
FXX   FRANCE, METROPOLITAN CITIZEN
*TRN*


  >
```

7) Airline Code

(1) Decode

DNAKE

```
> DNAKE

DNAKE
KE/KAL 180 KOREAN AIR
*TRN*


>
```

DNA180

```
> DNA180

DNA180
KE/KAL 180 KOREAN AIR
*TRN*

>
```

(2) Encode

DNACATHAYPACIFIC

```
> DNACATHAYPACIFIC

DNACATHAYPACIFIC
CX/CPA 160 CATHAY PACIFIC


*TRN*


>
```

8) Air Craft Code

(1) Decode

DNE744

```
> DNE744

DNE744
744 W BOEING 747-400                        JET   362-569
*TRN*

>
```

(2) Encode

DNEBOEING

```
> DNEBOEING

M11 W BOEING (DOUGLAS) MD-11              JET  243-409

M80 N BOEING (DOUGLAS) MD-80 ALL SERIES   JET  112-172

M8T N BOEING (DOUGLAS) MD-80 ALL SERIES   JET  139-172

M81 N BOEING (DOUGLAS) MD-81              JET  125-165

M82 N BOEING (DOUGLAS) MD-82              JET  132-165

M83 N BOEING (DOUGLAS) MD-83              JET  131-165

M88 N BOEING (DOUGLAS) MD-88              JET  112-142

M90 N BOEING (DOUGLAS) MD-90              JET  150-187

70F N BOEING 707 FREIGHTER               JET    0-  0

70M W BOEING 707 MIXED CONFIG            JET  110-110

703 N BOEING 707-320/320B/320C/330B      JET  150-160

707 N BOEING 707/720B                    JET  130-219

717 N BOEING 717                         JET  106-123

720 W BOEING 720/720B                    JET  130-130

B72 N BOEING 720/720B (707-020/020B)     JET  126-140

72F N BOEING 727 FREIGHTER               JET    0-  0

721 N BOEING 727-100                     JET   92-119

72X N BOEING 727-100 FREIGHTER           JET    1- 10

72B N BOEING 727-100 MIXED CONFIGURATION JET   82-189

72M N BOEING 727-100 MIXED CONFIGURATION JET   78-129

*TRN*

>
```

9) Airline Code

(1) 기본 Entry

AN19SEPSELPAR

```
> AN19SEPSELPAR

** AMADEUS AVAILABILITY - AN ** PAR PARIS.FR              45 TH 19SEP 0000
 1AF:KE5901  J9 C9 D9 I7 Z3 Y2 B2 /ICN 2 CDG2E  0905   1410  E0/77W     12:05
    M2 S2 H2 E2 K2 L2 U2 Q2 GR
 2   AF 267  J9 C9 D9 W9 S9 Y9 B9 /ICN 2 CDG2E  0905   1410  E0/77W     12:05
    M9 U9 K9 H9 L9 Q9 T9 E9 N9 R9 V9 X9 G9
 3   KE 901  P9 A4 J9 C9 D9 I5 Z9 /ICN 2 CDG2E  1320   1830  E0/388     12:10
    Y9 B9 M9 S9 H9 E9 K9 L9 U9 QL NL TL GL
 4KE:AF5093  J9 C9 D7 Y9 B9 M9 U9 /ICN 2 CDG2E  1320   1830  E0/388     12:10
    K9 H9 L9 Q9 T9 E5
 5   AF 261  J9 C9 D9 I6 W9 S9 Y9 /ICN 2 CDG2E  1435   1935  E0/772     12:00
    B9 M9 U9 K9 H9 L9 Q9 T9 E9 N9 R9 V9 X9 G9
 6   LH 713  JL CL DL ZL G9 E9 N9 /ICN 1 FRA 1  1425   1840  E0/744
    YL BL ML UL HL QL VL WL SL
  A5*AF1819  J9 C9 Y9 B9 M9        /FRA 2 CDG2G  1950   2115  E0/E90     13:50
 7   LH 719  J9 C8 D4 ZL G9 E9 N4 /ICN 1 MUC 2  1015   1420  E0/359
    Y9 B9 M9 U9 H9 Q9 V5 W2 SL
     LH2234  J9 C9 D9 Z9 P9 Y9 B9 /MUC 2 CDG 1  1535   1710  E0/32A     13:55
    M9 U9 H9 Q9 V9 W9 S9 T9 L9 K9
 >
```

AN15MARSELBKK*30SEP

```
> AN15MARSELBKK*30SEP


AN15MARSELBKK*30SEP
** AMADEUS AVAILABILITY - AN ** BKK BANGKOK.TH          223 SU 15MAR 0000
 1   XJ 703  CA SA XA              ICN 1 DMK 1  0105   0440  T0-330      5:35
 2   KE 657  P8 A2 J9 C9 D9 I5 RL /ICN 2 BKK    0915   1315  E0/77W      6:00
             Z9 Y9 B9 M9 S9 H9 E9 K9 L9 U9 Q9 NL TL G9
 3   TG 659  C9 D9 J9 Z9 Y9 B9 M9 /ICN 1 BKK    0935   1330  E0/359      5:55
             H9 Q9 T9 K9 S9 V9 W9
4TG:OZ6761   C2 Y4 B4 M4 H4 E4 Q4 /ICN 1 BKK    0935   1330  E0/359      5:55
 5   TG 657  C9 D9 J9 Z9 Y9 B9 M9 /ICN 1 BKK    1050   1445  E0/777      5:55
             H9 Q9 T9 K9 S9 V9 W9
 6   XJ 701  CA SA XA              ICN 1 DMK 1  1115   1505  T0-330      5:50


** AMADEUS AVAILABILITY - AN ** SEL SEOUL.KR           57 MO 30SEP 0000
117C*H19858  Y9 B9 H9 M9 Q9 V9 X9 /BKK   ICN 1  0100   0840  E0/737      5:40
             O9 G9 R9
12   7C2204  Y4 B4 K4 N4 Q4 M4 T4  BKK   ICN 1  0100   0840  E0.737      5:40
             W4 O4 R4 SR LR HR JR FR VR GR ZR AR U4
13   LJ 002  Y9 W9 D9 E9 H9 K9 L9 /BKK   ICN 1  0105   0825  E0/738      5:20
             Q9 B8 N8 A5
14   OZ 742  J9 C9 D9 Z9 U9 P7 Y9 /BKK   ICN 1  0110   0915  E0/388      6:05
             B9 M9 H9 E9 Q9 K9 S9 V9 W9 T9 L9 GR
15OZ:TG6726  C4 Y4 B4 M4 H4 Q4 T4 /BKK   ICN 1  0110   0915  E0/388      6:05


>
```

(2) 특정항공사 지정 조회

```
> AN15OCTSELHKG/ACX

AN15OCTSELHKG/ACX
** AMADEUS AVAILABILITY - AN ** HKG HONG KONG.HK          71 TU 15OCT 0000
 1   CX 415   J9 C9 D9 I9 Y9 B9 H9 /ICN 1 HKG 1  0840    1125  E0/333      3:45
             K9 M9 L9 V9 S9 N9 Q9 O9
 2   CX 417   J9 C9 D9 I9 Y9 B9 H9 /ICN 1 HKG 1  1015    1300  E0/333      3:45
             K9 M9 L9 V9 S9 N9 Q9 O9
 3   CX 439   J9 C9 D9 I9 W9 R9 E9 /ICN 1 HKG 1  1335    1625  E0/359      3:50
             Y9 B9 H9 K9 M9 L9 V9 S9 N9 Q9 O9
 4   CX 411   J9 C9 D9 I9 Y9 B9 H9 /ICN 1 HKG 1  1505    1755  E0/333      3:50
             K9 M9 L9 V9 S9 N9 Q9 O1
 5   CX 419   J9 C9 D9 I9 W9 R9 E9 /ICN 1 HKG 1  2015    2255  E0/359      3:40
             Y9 B9 H9 K9 M9 L9 V9 S9 N9 OL
 6   CX 421   J9 C9 D9 I9 Y9 B9 H9 /ICN 1 HKG 1  0910    1355  E1/333      5:45
             K9 M9 L9 V9 S9 N7 Q2 OL
 7   CX 421   J9 C9 D9 I9 Y9 B9 H9 /ICN 1 TPE 1  0910    1100  E0/333
             K9 M9 L9 V9 S9 NL OL
     CX 495   J9 C9 D9 I9 Y9 B9 H9 /TPE 1 HKG 1  1325    1525  E0/333      7:15
             K9 M9 L9 V9 S9 N9 Q9 OL
 8   CX 421   J9 C9 D9 I9 Y9 B9 H9 /ICN 1 TPE 1  0910    1100  E0/333
             K9 M9 L9 V9 S9 NL OL
     CX 445   J9 C9 D9 I9 Y9 B9 H9 /TPE 1 HKG 1  1345    1545  E0/333      7:35
             K9 M9 L9 V9 S9 N9 Q9 O9


 >
```

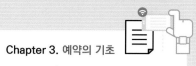

(3) 경유지 지정 조회

AN10OCTSELYYC/XYVR

```
> AN10OCTSELYYC/XYVR


AN10OCTSELYYC/XYVR
** AMADEUS AVAILABILITY - AN ** YYC CALGARY.CAAB          66 TH 10OCT 0000
 1AC:OZ6102  CL Y4 B4 M4 H4 E4 Q4 /ICN 1 YVR M  1530     0920  E0/789
            K4 S4 V4 L4 W4
    AC 210  J9 C8 D4 Z4 P2 R1 Y9 /YVR M YYC    1130     1355  E0/319        13:25
            B9 M9 U9 H9 Q9 V9 W9 G9 S4 T1 L1 A1 K1
 2  AC 064  J9 C9 D9 Z9 P2 R2 O9 /ICN 1 YVR M  1530     0920  E0/789
            E9 N1 Y9 B9 M9 U9 H9 Q1 V1 W1 G1 S1 T1 L1 A1 K1
    AC 210  J9 C8 D4 Z4 P2 R1 Y9 /YVR M YYC    1130     1355  E0/319        13:25
            B9 M9 U9 H9 Q9 V9 W9 G9 S4 T1 L1 A1 K1
 3  KE 071  J9 C9 D5 I3 RL Z1 Y9 /ICN 2 YVR M  1850     1240  E0/789
            B9 M9 S9 H9 E9 K9 L9 U9 QL NL TL GL
  WS:KE6501 Y7 B7 M7 S7 H7 E7 K7 /YVR M YYC    1500     1722  E0/736  TR 13:32
            L7 U7 Q7 N7 T7
 4  KE 071  J9 C9 D5 I3 RL Z1 Y9 /ICN 2 YVR M  1850     1240  E0/789
            B9 M9 S9 H9 E9 K9 L9 U9 QL NL TL GL
    WS 128  W7 O7 R4 Y7 B7 M7 H7 /YVR M YYC    1500     1722  E0/736        13:32
            Q7 N7 S7 X7 T7 K7 L7 E7 V7
 5AC:OZ6102 CL Y4 B4 M4 H4 E4 Q4 /ICN 1 YVR M  1530     0920  E0/789
            K4 S4 V4 L4 W4
    WS 122  W7 O7 R4 Y7 B7 M7 H7 /YVR M YYC    1200     1422  E0/736        13:52
            Q7 N7 S7 X7 T7 K7 L7 E7 V7


>
```

(4) 항공사 선호 지정 조회

ANCX15OCTSELHKG

```
> ANCX15OCTSELHKG


ANCX15OCTSELHKG
** CATHAY PACIFIC - AN ** HKG HONG KONG.HK                    71 TU 15OCT 0000
 1   CX 421  J9 C9 D9 I9 Y9 B9 H9 /ICN 1 HKG 1  0910   1355  E1/333      5:45
              K9 M9 L9 V9 S9 N7 Q2 OL

 2   CX 415  J9 C9 D9 I9 Y9 B9 H9 /ICN 1 HKG 1  0840   1125  E0/333      3:45
              K9 M9 L9 V9 S9 N9 Q9 O9

 3   CX 417  J9 C9 D9 I9 Y9 B9 H9 /ICN 1 HKG 1  1015   1300  E0/333      3:45
              K9 M9 L9 V9 S9 N9 Q9 O9

 4   CX 439  J9 C9 D9 I9 W9 R9 E9 /ICN 1 HKG 1  1335   1625  E0/359      3:50
              Y9 B9 H9 K9 M9 L9 V9 S9 N9 Q9 O9

 5   CX 411  J9 C9 D9 I9 Y9 B9 H9 /ICN 1 HKG 1  1505   1755  E0/333      3:50
              K9 M9 L9 V9 S9 N9 Q9 O1

 6   CX 419  J9 C9 D9 I9 W9 R9 E9 /ICN 1 HKG 1  2015   2255  E0/359      3:40
              Y9 B9 H9 K9 M9 L9 V9 S9 N9 OL

 7   CX 421  J9 C9 D9 I9 Y9 B9 H9 /ICN 1 TPE 1  0910   1100  E0/333
              K9 M9 L9 V9 S9 NL OL

   CX:KA5421 J2 C2 D2 I2 Y4 B4 H4 /TPE 1 HKG 1  1200   1355  E0/333      5:45
              K4 M4 L4 V4 S4 N4 Q4 O4

 8   CX 421  J9 C9 D9 I9 Y9 B9 H9 /ICN 1 TPE 1  0910   1100  E0/333
              K9 M9 L9 V9 S9 NL OL

     CX 495  J9 C9 D9 I9 Y9 B9 H9 /TPE 1 HKG 1  1325   1525  E0/333      7:15
              K9 M9 L9 V9 S9 N9 Q9 OL


 >
```

(5) 특정 Fight의 운항 정보 확인

> AN11DECSELZRH

```
> AN11DECSELZRHZRH


AN11DECSELZRH

** AMADEUS AVAILABILITY - AN ** ZRH ZURICH.CH           128 WE 11DEC 0000
  1   KE 921  J3 C3 D3 I3 ZL Y9 B9 /ICN 2 ZRH    1125    1840  E1/789        15:15
              M9 S9 H9 E9 K9 L9 U9 Q9 NL TL G9
  2   OZ 541  J8 C9 D9 Z9 U9 P9 Y9 /ICN 1 FRA 1  1100    1450  E0/388
              B9 M9 H9 E9 Q9 K9 S9 V9 W9 T9 L9 GR
      LH1196  J9 C9 D9 Z9 P9 Y9 B9 /FRA 1 ZRH    1625    1715  E0/32N        14:15DO
              M9 U9 H9 Q9 V9 W9 S9 T9 L9 K9
  3   OZ 541  J8 C9 D9 Z9 U9 P9 Y9 /ICN 1 FRA 1  1100    1450  E0/388
              B9 M9 H9 E9 Q9 K9 S9 V9 W9 T9 L9 GR
   LH:LX3609  J9 C9 D9 Z9 P9 Y9 B9 /FRA 1 ZRH    1625    1715  E0/32N        14:15
              M9 U9 H9 Q9 V9 W9 S9 T9 L9 K9
  4   KE 927  P7 A4 J9 C9 D9 I9 Z7 /ICN 2 MXP 1  1350    1805  E0/772
              Y9 B9 M9 S9 H9 E9 K9 L9 U9 Q9 N9 T1 G9
      LX1623  J9 C9 D9 Z9 P9 Y8 B3 /MXP 1 ZRH    1910    2005  E0/320        14:15
              ML UL HL GL QL
5KE:AZ7685    J7 C7 E7 D7 I7 Y7 B7  ICN 2 MXP 1  1350    1805  E0/772
              M7 H7 K7 V7 T7 N7 S7 X7
      LX1623  J9 C9 D9 Z9 P9 Y8 B3 /MXP 1 ZRH    1910    2005  E0/320        14:15
              ML UL HL GL QL

>
```

7. Schedule / Time Table 조회

1) Schedule

AN11DECSELZRH

```
> ESN30DECSELBKK


** AMADEUS SCHEDULES - SN ** BKK BANGKOK.TH          147 MO 30DEC 0000
  1   XJ 703  CA SA XA              ICN 1 DMK 1  0105   0440  T0-330     5:35
  2   KE 657  P8 A2 J9 C9 D8 I5 RL /ICN 2 BKK    0915   1315  E0/77W     6:00
              Z9 Y9 B9 M9 S9 H9 E9 K9 L9 U9 QL NL TL GL
3TG:OZ6761   C2 Y4 B4 M4 H4 E4 Q4 /ICN 1 BKK    0935   1330  E0/359     5:55
  4   TG 659  C9 D9 J9 Z9 Y9 B9 M9 /ICN 1 BKK    0935   1330  E0/359     5:55
              H9 Q9 T9 K9 S9 V9 W9
  5   TG 657  C9 D9 J9 Z9 Y9 B9 M9 /ICN 1 BKK    1050   1445  E0/777     5:55
              H9 Q9 T9 K9 S9 V9 W1
  6   XJ 701  CA SA XA              ICN 1 DMK 1  1115   1505  T0-330     5:50
  7   TG 689  C9 D9 J9 Z9 Y9 B9 M9 /ICN 1 BKK    1120   1515  E0/359     5:55
              H9 Q9 T9 K9 S9 V9 WL
  8   KE 651  P9 A2 J9 C9 D9 I9 RL /ICN 2 BKK    1720   2130  E0/388     6:10
              Z9 Y9 B9 M9 S9 H9 E9 K9 L9 U9 Q9 NL TL GL
  9   OZ 741  C9 D9 Z9 U9 P6 Y9 B9 /ICN 1 BKK    1830   2205  E0/333     5:35
              M9 H9 E9 Q9 K9 S9 V9 W3 T3 LL GR
10OZ:TG6727   C4 Y4 B4 M4 H4 Q4 T4 /ICN 1 BKK    1830   2205  E0/333     5:35
 11   KE 653  P8 A2 J9 C9 D9 I9 RL /ICN 2 BKK    1850   2255  E0/77W     6:05
              Z9 Y9 B9 M9 S9 H9 E9 K9 L9 U9 QL NL TL GL
 12   7C2203  YR BR KR NR QR MR TR  ICN 1 BKK    2005   2359  E0.737     5:54
              WR OR RR XR SR LR HR ER JR FR VR GR ZS DS CS AS IS PS UR


>
```

2) Time Table

TN23OCTSELBKK

```
> TN23OCTSELBKK


** AMADEUS TIMETABLE - TN ** BKK BANGKOK.TH          23OCT19 30OCT19
 1   XJ 703  D    ICN 1 DMK 1  0105    0440   0 31MAR19              330
5:35
 2   XJ 705  3456 ICN 1 DMK 1  0550    1035   0 05JUN19 26OCT19      333   6:45
 3   7C2201  3456 ICN 1 BKK    0630    1040   0 03APR19 26OCT19      737   6:10
47C*H19957  3456 ICN 1 BKK    0630    1040   0 03APR19 26OCT19      737   6:10
 5   KE 657  3456 ICN 2 BKK    0905    245    0 29MAY19 26OCT19      744   5:40
 6   KE 657  1237 ICN 2 BKK    0915    315    0 27OCT19 25MAR20      77W   6:00
7TG:OZ6761  3456 ICN 1 BKK    0935    1325   0 03APR19 26OCT19      359   5:50
 8   TG 659  3456 ICN 1 BKK    0935    1325   0 03APR19 26OCT19      359   5:50
 9   TG 659  1237 ICN 1 BKK    0935    330    0 27OCT19 25MAR20      359   5:55
10   TG 657  3456 ICN 1 BKK    1020    410    0 02MAY19 26OCT19      788   5:50
11   TG 657  1237 ICN 1 BKK    1050    445    0 27OCT19 25MAR20      777   5:55
12   XJ 701  D    ICN 1 DMK 1  1115    1505   0 31MAR19         330  5:50


>
```

8. Time and Date 조회

1) 현지 시각 및 도시 간 시간차

> DDLAX

```
> DDLAX

LAX TIME IS 0848/0848A ON SUN04AUG19

LAX IS 16HRS 00MIN EARLIER

*TRN*
>
```

2) 특정 시간 및 도시 지정

DDSEL1200/SYD

```
> DDSEL1200/SYD

SYD TIME IS 1300/0100P ON MON05AUG19

SYD IS 01HRS 00MIN LATER

*TRN*
>
```

9. MCT(Minimum Connecting Time) 조회

DMICN

```
> DMICN/05AUG19


ICN  STANDARD MINIMUM CONNECTING TIMES


ICN-ICN      FROM       -       TO        D/D D/I I/D I/I


CC FLTN-FLTR ORGN EQPTM-CC FLTN-FLTR DEST EQPTM HMM HMM HMM HMM

    - 040 140 140 110

    1 1 040 140 140 110

    2 1 --- --- 210 130

    1 2 --- 210 --- 130

    2 2 --- --- --- 045

CK SPECIFIC CARRIER FOR EXCEPTIONS TO STANDARD CONNECTING TIMES


PRECLEARANCE MAY APPLY


*TRN*

>
```

MEMO

4
Chapter

예약 기록(PNR)의
작성 및 수정

1. PNR에 대한 이해

1) PNR이란?

 Passenger Name Record의 줄임말로 승객의 성명, 여정, 연락처, 서비스 요청사항 등의 예약기록을 예약 전산 시스템에 기록해 놓은 것을 말하는 용어이다.

 또한 승객에게 제공되어야 하는 항공 여정 및 기타 서비스 사항을 해당 항공사에 전송하여 실질적인 항공좌석의 확보 및 서비스 사항 요청 등을 실행할 수 있으며, 예약을 완료하면 TOPAS SellConnect 시스템 내에 예약기록 파일이 생성되어 저장된다.

2) PNR의 구성 요소

항목	Elements	내용	입력 Entry	참고 사항
필수 항목	Name	승객의 성명 & Title	NM1KIM/KOOKMIN,MR	
	Itinerary	여정	SSKE613Y30SEPICNHKG1	
	Phone	연락처	APA-02-123-4567 APM-010-3333-7777	
	Ticekt Arrangement	항공권 발권 예정일 정보	TKTL 10OCT, TKOK	PNR작성 시 자동 입력됨
선택 항목	Received from	예약 및 변경 요청자	RF KIM/KOOKMIN RF PAX	
	OS	항공사 전달 정보	OS KE CIP HYUNDAI	
	SR	승객 서비스 요청사항	SR VGML	
	Remarks	참고, 비고사항	RM PAX WAITING A VISA	

PNR은 성명, 연락처, 여정 등 상기 표와 같이 여러 가지 항목들로 이루어져 있는데 이러한 각 항목을 Element라고 한다. 각각의 Element는 정해진 형식에 맞추어 작성해야 하며, PNR을 구성하는 필수 항목을 입력해야 기본 PNR을 완성할 수 있다.

3) TOPAS SellConnect PNR의 특징

① 모든 Element는 입력 후 번호가 부여된다.
② Name은 입력한 순서대로 배열된다.
③ 동일한 성(Family Name)을 가진 승객이더라도 개별 이름으로 나타난다.
④ 마지막 여정의 출발일 이후 3일간 조회가 가능하다.
⑤ 하나의 PNR에 최대 999 Element 입력이 가능하다.

2. 필수 항목 Element별 작성

1) 성명 : Name Element(NM)

💬 성명 입력 시 유의 사항

- 입력한 성명은 타인 또는 대리인의 성명으로 변경이 불가하므로 실제 탑승객의 성명으로 입력해야 한다.
- 반드시 성(Last Name)을 먼저 입력하고 성과 이름 사이에는 구분 기호 슬래시(/)를 입력한다.
- Full Name을 기재하며 반드시 여권상의 Name Spelling을 기준으로 입력한다.
- 성명 뒤에는 성별 또는 신분에 맞는 적절한 Title을 기입한다.
- 각 구간(Segment)별 요청 좌석 수와 승객 수(유아 제외)가 반드시 일치해야 한다.
- 유아(Infant)의 성명은 동반성인 보호자와 함께 입력한다.
- 1개의 PNR에는 성인 99명까지의 성명 입력이 가능하다.
- 유아/소아 성명 입력 시 생년월일을 함께 입력한다.

💬 유/소아 구분

유아(Infant)	출발일 기준 만 2세 미만
소아(Child)	출발일 기준 만 2세 이상 ~ 만 12세 미만

💬 Title의 종류

성별		신분		
MS	성인 여자	REV	Reverend	성직자
MR	성인 남자	DR	Doctor	의사
MISS	유/소아 여자	PROF	Professor	교수
MSTR	유/소아 남자	CAPT	Captain	기장 또는 선장

(1) 성인 승객 성명 입력

💬 성인1인

지시어	NM 1 KIM/DAEHAN,MR	
설명	NM	성명 입력 기본 지시어
	1	승객 수
	KIM/DAEHAN,MR	성 / 이름 , Title

🖥 Entry 화면 – KIM DAEHAN MR (1) [1]

```
> NM1KIM/DAEHAN,MR

RP/SELK133R4/
 1.KIM/DAEHAN MR
```

💬 동일한 성을 가진 승객 동시 입력

지시어	NM2KIM/DAEHAN,MR/MINGUK,MR

🖥 Entry 화면 – KIM DAEHAN MR (2) [1]

```
> NM2KIM/DAEHAN,MR/MINGUK,MR

RP/SELK133R4/
 1.KIM/DAEHAN MR   2.KIM/MINGUK MR
```

💬 2명 이상의 승객 성명 동시 입력

지시어	NM1KIM/DAEHAN,MR1PARK/NARA,MS

🖥 Entry 화면 – KIM DAEHAN MR (2) [1]

```
> NM1KIM/DAEHAN,MR1PARK/NARA,MS

RP/SELK133R4/
 1.KIM/DAEHAN MR   2.PARK/NARA MS
```

(2) 소아(Child) 승객 성명 입력

지시어	NM1KIM/SARANG,MS(CHD/05MAY15)	
설명	CHD/05MAY15	소아 / 생년월일(DDMMMYY)

☞ 생년월일 입력 형식 : 반드시 일 2자리, 월 Code 3자리, 년도 2자리로 입력해야 함

🖥 Entry 화면 – KIM SARANG MISS (1) [1]

```
>  NM1KIM/SARANG,MISS(CHD/05MAY15)

RP/SELK133R4/
  1.KIM/SARANG MISS(CHD/05MAY15)
```

(3) 유아(Infant) 승객 성명 입력

💬 유아의 성이 보호자와 동일하지 않은 경우

지시어	NM1PARK/NARA,MS(INFKIM/MANSAE,MSTR/25DEC18)	
설명	PARK/NARA,MS	보호자
	INFKIM/MANSAE,MSTR/25DEC18	성을 포함한 유아 이름/생년월일

🖥 Entry 화면 – PARK NARA MS (1) [1]

```
> NM1PARK/NARA,MS(INFKIM/MANSAE,MSTR/25DEC18)

RP/SELK133R4/
  1.PARK/NARA MS(INFKIM/MANSAE MSTR/25DEC18)
```

💬 유아의 성이 보호자와 동일한 경우(유아의 성 생략 가능)

지시어	NM1KIM/DAEHAN,MR(INF/MANSAE,MSTR/25DEC18)

🖥 Entry 화면 – KIM SARANG MR (1) [1]

```
> NM1KIM/DAEHAN,MR(INF/MANSAE,MSTR/25DEC18)

RP/SELK133R4/
  1.KIM/DAEHAN MR(INF/MANSAE MSTR/25DEC18)
```

💬 유아 승객 추가

지시어	1/(INF/MANSAE,MSTR/25DEC18)

🖥 Entry 화면 – KIM DAEHAM MR (2) [1]

```
RP/SELK133R4/
  1.KIM/DAEHAN MR    2.PARK/NARA MS

> 1/(INF/MANSAE,MSTR/25DEC18)

RP/SELK133R4/
  1.KIM/DAEHAN MR(INF/MANSAE MSTR/25DEC18)    2.PARK/NARA MS
```

입력된 유아 승객 삭제

지시어	1/

Entry 화면 – KIM SARANG MR (2) [1]

```
RP/SELK133R4/
  1.KIM/DAEHAN MR(INF/MANSAE MSTR/25DEC18)    2.PARK/NARA MS
> 1/

RP/SELK133R4/
  1.KIM/DAEHAN MR    2.PARK/NARA MS
```

소아 생년월일 추가 및 변경

지시어	3/(CHD/05MAY15)

Entry 화면 – KIM DAEHAN MS (3) [1]

```
RP/SELK133R4/
  1.KIM/DAEHAN MS    2.PARK/NARA MS    3.KIM/SARANG MISS
> 3/(CHD/05MAY15)

RP/SELK133R4/
  1.KIM/DAEHAN MS    2.PARK/NARA MS
  3.KIM/SARANG MISS(CHD/05MAY15)
```

(4) 성명의 삭제 및 수정

💬 성명 삭제

지시어	XE2	2번 승객 성명 삭제

🖥 Entry 화면 – KIM HODONG MR (3) [1]

```
RP/SELK1394Z/
  1.KANG/HODONG MR    2.YOO/JAESEOK MR    3.LEE/SOOKEUN MR
  4.SHIN/DONGYEOB MR
*TRN*

>  XE2

RP/SELK1394Z/
  1.KANG/HODONG MR    2.LEE/SOOKEUN MR    3.SHIN/DONGYEOB MR
```

💬 성명 수정

지시어	3/1NOH/HONGCHUL,MR	3번 승객 성명 수정

🖥 Entry 화면 – KIM HODONG MR(3) [1]

```
RP/SELK1394Z/
  1.KANG/HODONG MR    2.LEE/SOOKEUN MR    3.SHIN/DONGYEOB MR
*TRN*

>  3/1NOH/HONGCHUL,MR

 ** WARNING PAX NAME CHANGED. CHECK NAME BEFORE EOT **
RP/SELK1394Z/
  1.KANG/HODONG MR    2.LEE/SOOKEUN MR    3.NOH/HONGCHUL MR
```

☞ 성명의 수정은 일반적으로 PNR 작성 중에만 가능하며, PNR 완료 후에는 불가하다.

2) 연락처 : Address and Phone Element(AP)

🗨 연락처 입력 시 주의사항

- 첫 번째 연락처는 여행사 전화번호와 담당자를 입력 한다
- 승객의 Mobile Phone 번호를 반드시 입력 한다.
- 하나의 PNR에 여러 개의 연락처^(이메일 주소 포함)를 입력할 수 있다.
- 연락처에 승객 번호를 연결하여 입력 할 수 있다.
- 입력한 연락처는 연락처 알파벳코드 순으로 정렬된다.^(APA→APB→APE→APH→APM)

🗨 입력 지시어

지시어	내용	참고사항
APA-02-123-4567 ONE TOUR	여행사(Agency) 전화번호	
APM-010-123-4567	모바일(Mobile)폰 번호	승객 지정 입력 가능
APH-02-987-6543	집(Home) 전화 번호	
APB-02-456-7890	사무실(Business) 전화 번호	
APE-TOPAS@NAVER.COM	E-mail 주소	

🖥 Entry 화면 1

```
>   APA-02-123-4567 ONE TOUR

>   APM-010-123-4567

>   APH-02-987-6543

>   APB-02-456-7890

>   APE-TOPAS@NAVER.COM
```

🖥 Entry 화면 1

```
RP/SELK1394Z/
  1 APA 02-123-4567 ONE TOUR
  2 APB 02-456-7890
  3 APE TOPAS@NAVER.COM
  4 APH 02-987-6543
  5 APM 010-123-4567
```

👉 입력 순서와 상관없이 AP Code Alphabet 순서대로 저장된다.
   APA 〉APB 〉APE 〉APH 〉APM

💬 연락처 수정

지시어	4/02-876-5432	4번 Element 집 전화번호 수정

🖥 Entry 화면 1

```
>  4/02-876-5432

RP/SELK133R4/
 1 APA 02-123-4567 ONE  TOUR
 2 APB 02-456-7890
 3 APE TOPAS@NAVER.COM
 4 APH 02-876-5432
 5 APM 010-123-4567
```

3) 여정 : Itinerary Element(SS)

(1) 여정의 정의

승객의 여행을 위한 항공 운송구간 예약, 항공기 이외의 교통편으로 여행하는 구간 및 Hotel, Rent a Car 등의 예약을 통칭한다.

① 항공 여정(Air Segment)

승객이 항공편을 이용하여 한 지점에서 다른 지점으로 이동하는 여정

② 부대 여정(Auxiliary Segment)

부대 여정은 항공편 예약에 따르는 부수적인 서비스로 승객의 여행과 관련된 항공여정을 제외한 기타 예약 구간으로 Hotel, Rent a Car, 기타 교통편의 예약 등이 이에 속한다.

Topas SellConnect는 항공여정 없이 부대여정만으로도 PNR 작성이 가능하다.

③ 비 항공 운송구간(ARNK : Arrival Unknown)

항공편 이외의 운송 수단으로 여행하는 구간(Surface)을 나타내기 위해 사용된다.

(2) 여정 작성

① 예약 가능편(Availability) 조회 후 여정 작성

💬 직항편(Direct Flight) 예약

지시어	AN20DECICNSIN/AKE		
	SS 1 E 2		
설명	SS	Segment Sell	좌석 예약 기본 지시어
	1	좌석 수	
	E	Booking Class	
	2	예약 가능편의 line 번호	

🖥 Entry 화면 – 20DEC–SIN[1]

```
AN20DECICNSIN/AKE
** AMADEUS AVAILABILITY - AN ** SIN SINGAPORE.SG          158 FR 20DEC 0000
 1   KE 643  J9 C9 D9 I9 R9 ZL Y9 /ICN 2 SIN 4  1435     2015  E0/773       6:40
             B9 M9 S9 H9 E9 KL LL UL QL
 2   KE 645  P5 AL J9 C9 D9 I9 R9 /ICN 2 SIN 4  1835     0010+1E0/77W       6:35
             Z9 Y9 B9 M9 S9 H9 E9 KL LL UL QL

>  SS1E2

RP/SELK133R4/
  1  KE 645 E 20DEC 5 ICNSIN DK1  1835 0010  21DEC  E  0 77W DR
     SEE RTSVC
```

💬 연결편(Connect Flight) 예약

목적지까지 직항 스케줄이 없는 경우 연결편을 이용해 예약하는 경우이다.

◉ 연결편의 Booking Class가 모두 동일한 경우

지시어	AN30NOVICNCDG/ABA	
	SS 1 Y 1	전 구간 Y 클래스 예약

🖥 Entry 화면 – 30NOV-LHR[1]

```
AN30NOVICNCDG/ABA
** AMADEUS AVAILABILITY - AN ** CDG CHARLES DE GAUL.FR       123 SA 30NOV 0000
 1   BA 018   J9 C9 D9 R9 I2 W9 E9 /ICN 1 LHR 5   1045     1415   E0/788
             T9 Y9 B9 H9 K9 M9 L9 V9 S9 N9 Q9 O9 G3
     BA 326   J9 C9 D9 R9 Y9 B9 S9 /LHR 5 CDG2A   2030     2245   E0/319       20:00
             GL W3
 2   BA 018   J9 C9 D9 R9 I2 W9 E9 /ICN 1 LHR 5   1045     1415   E0/788
             T9 Y9 B9 H9 K9 M9 L9 V9 S9 N9 Q9 O9 G3
   EI:BA5979  Y9 B9 H9 K9 M9 L9 V9 /LHR 2 DUB 2   2045     2200   E0/320
             N9 Q9 O9 S9
   EI:BA8938  Y9 B9 H9 K9 M9 L9 V9 /DUB 2 CDG 1   0640+1 0930+1E0/320       30:45
             N9 S9
 3   BA 018   J9 C9 D9 R9 I2 W9 E9 /ICN 1 LHR 5   1045     1415   E0/788
             T9 Y9 B9 H9 K9 M9 L9 V9 S9 N9 Q9 O9 G3
   EI:BA5969  Y9 B9 H9 K9 M9 L9 V9 /LHR 2 DUB 2   1620     1740   E0/320
             N9 Q9 O9 S9
   EI:BA8938  Y9 B9 H9 K9 M9 L9 V9 /DUB 2 CDG 1   0640+1 0930+1E0/320       30:45
             N9 S9
> SS1Y1

RP/SELK1394Z/
 1  BA 018 Y 30NOV 6 ICNLHR DK1  1045 1415  30NOV  E  0 788 M
    SEE RTSVC
 2  BA 326 Y 30NOV 6 LHRCDG DK1  2030 2245  30NOV  E  0 319 G
    SEE RTSVC
```

◉ 연결편의 Booking Class가 다른 경우

지시어	SS 1 M S1	1번 구간 M, 2번 구간 S 클래스 예약

🖥 Entry 화면 – 30NOV-LHR[1]

```
> SS1MS1

RP/SELK1394Z/
 1   BA 018 M 30NOV 6 ICNLHR DK1  1045 1415   30NOV  E  0 788 M
     SEE RTSVC
 2   BA 326 S 30NOV 6 LHRCDG DK1  2030 2245   30NOV  E  0 319 G
     SEE RTSVC
```

◉ 왕복 Availability 조회 후 왕복 여정 동시 예약

지시어	AN20DECICNSIN/AKE*25DEC/AKE	
	SS 1 E 2 * 12	Line2 와 Line12의 E Class 동시 예약

🖥 Entry 화면 – 20DEC-SIN[1]

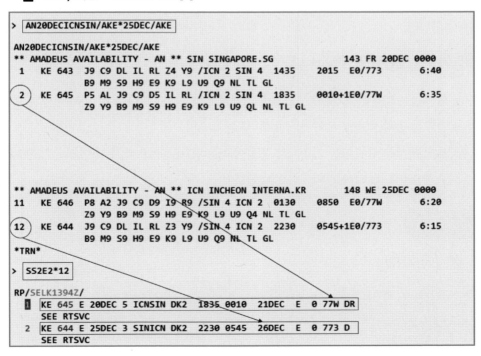

```
> AN20DECICNSIN/AKE*25DEC/AKE

AN20DECICNSIN/AKE*25DEC/AKE
** AMADEUS AVAILABILITY - AN ** SIN SINGAPORE.SG           143 FR 20DEC 0000
 1   KE 643  J9 C9 DL IL RL Z9 Y9 /ICN 2 SIN 4  1435    2015  E0/773      6:40
             B9 M9 S9 H9 E9 K9 L9 U9 Q9 NL TL GL
 2   KE 645  P5 AL J9 C9 D5 IL RL /ICN 2 SIN 4  1835    0010+1E0/77W      6:35
             Z9 Y9 B9 M9 S9 H9 E9 K9 L9 U9 QL NL TL GL


** AMADEUS AVAILABILITY - AN ** ICN INCHEON INTERNA.KR      148 WE 25DEC 0000
11   KE 646  P8 A2 J9 C9 D9 I9 R9 /SIN 4 ICN 2  0130    0850  E0/77W      6:20
             Z9 Y9 B9 M9 S9 H9 E9 K9 L9 U9 Q4 NL TL GL
12   KE 644  J9 C9 DL IL RL Z3 Y9 /SIN 4 ICN 2  2230    0545+1E0/773     6:15
             B9 M9 S9 H9 E9 K9 L9 U9 Q9 NL TL GL
*TRN*
> SS2E2*12

RP/SELK1394Z/
 1   KE 645 E 20DEC 5 ICNSIN DK2  1835 0010   21DEC  E  0 77W DR
     SEE RTSVC
 2   KE 644 E 25DEC 3 SINICN DK2  2230 0545   26DEC  E  0 773 D
     SEE RTSVC
```

② 여정 직접(Direct Segment) 예약

예약하고자 하는 구간의 Availability를 조회하지 않고 항공사, 편명, 날짜 등을 직접 (Direct)입력하여 좌석을 요청하는 경우이다.

지시어	SS KE017 Y 10DEC SELLAX 1		
설명	SS	Segment Sell	좌석 예약 기본 지시어
	Y	Booking Class	
	1	요청 좌석 수	

🖳 Entry 화면 – 10DEC–LAX[1]

```
>  SS KE017 Y 10DEC SELLAX 1

--- SFP ---
RP/SELK133R4/
  1  KE 017 Y 10DEC 2 ICNLAX DK1  1430 0830  10DEC  E  0 388 DB
     SEE RTSVC
```

③ 기타 여정

💬 미확정 구간의 예약(Open Segment)

- 미확정은 항공편, 날짜에 한해 가능하다(Booking Class, 구간은 미확정이 불가하다)
- 반드시 공항 코드로 예약하여야 한다(ICN O, SEL X)
- 모든 운임은 출발일을 기준으로 운임이 적용되므로 PNR 작성 시 여정의 첫 번째 구간은 반드시 날짜를 지정하여야 한다.

지시어	SO KE Y FRAICN

🖳 Entry 화면 1

```
>  SO KE Y FRAICN

RP/SELK133R4/
  1  KEOPEN Y        FRAICN
```

💬 대기자 구간(Waitlist Segment) 예약

◉ Availability 조회 시 좌석이 없어 대기자 예약하는 경우

🖥 Entry 화면 1

지시어	AN5JANICNSFO/AKE → SS1U1/PE	PE : 대기자 입력 기본 지시어

```
> AN5JANICNSFO/AKE

AN5JANICNSFO/AKE
** AMADEUS AVAILABILITY - AN ** SFO SAN FRANCISCO.USCA      169 SU 05JAN 0000
  1   KE 023 P7 AL J9 CL DL IL RL /ICN 2 SFO I  1600    0925  E0/77W       10:25
          ZL Y9 B9 M9 S9 H9 EL KL LL UL QL
```

🖥 Entry 화면 - O5JAN-SFO[1]

```
> SS1U1/PE

--- SFP ---
RP/SELK133R4/
  1 KE 023 U 05JAN 7 ICNSFO DW1  1600 0925  05JAN  E  0 77W BD
    SEE RTSVC
```

◉ 직접(Direct Segment) 예약하는 경우

지시어	SS KE023 U 05JAN ICNSFO PE1

🖥 Entry 화면 - 05JAN - SFO [1]

```
> SS KE023 U 05JAN ICNSFO PE1

--- SFP ---
RP/SELK133R4/
  1 KE 023 U 05JAN 7 ICNSFO DW1  1600 0925  05JAN  E  0 77W BD
    SEE RTSVC
```

👉 참고 : 대기자 예약도 마감된 경우에는 다음과 같은 응답 메시지를 보여준다.

🖥 Entry 화면 1

```
> SS UA892 L 05JAN ICNSFO PE1

  UA 892 L 05JAN 7 ICNSFO NOT AVAILABLE AND WAITLIST CLOSED
```

💬 비항공 운송 구간(ARNK : Arrival Unknown)

여정 중간에 비항공 운송 구간(Surface)이 있을 경우 여정의 연속성을 맞춰주기 위해 입력한다.

- ARNK를 입력하지 않으면 Warning Message가 나오지만 ET를 한 번 더 입력하면 PNR을 완성할 수 있다.
- ARNK를 입력하지 않으면 PNR을 변경할 때 마다 다음과 같은 Warning Message가 나온다.

  'WARNING MSG : CHECK SEGMENT CONTINUITY-SEGMENT 2/3'
- 여정 순서는 자동 정렬되므로 ARNK 구간에 대한 순서 조정이 필요 없다.

지시어	SI ARNK	
설명	SI	Segment Information 기본 지시어
	ARNK	비항공 운송 구간

📇 Entry 화면 – 1OONOV–YVR[1]

```
RP/SELK133R4/
  1  KE 071 Y 10NOV 7 ICNYVR DK1  1840 1120  10NOV  E  0 789 BD
     SEE RTSVC
  2  KE 020 Y 11DEC 3 SEAICN DK1  1030 1520  12DEC  E  0 77W LD
     CHK APO NAME SEAT TACOMA OR IAD DULLES
     SEE RTSVC
  3 RM NOTIFY PASSENGER PRIOR TO TICKET PURCHASE & CHECK-IN:
     FEDERAL LAWS FORBID THE CARRIAGE OF HAZARDOUS MATERIALS -
     GGAMAUSHAZ/S2
> SIARNK

--- SFP ---
RP/SELK133R4/
  1  KE 071 Y 10NOV 7 ICNYVR DK1  1840 1120  10NOV  E  0 789 BD
     SEE RTSVC
  2  ARNK
  3  KE 020 Y 11DEC 3 SEAICN DK1  1030 1520  12DEC  E  0 77W LD
     CHK APO NAME SEAT TACOMA OR IAD DULLES
```

4) 항공권 사항 : Ticket Arrangement Element

(1) Ticket Element 용도

완성된 예약의 항공권 구입 예정 시기를 입력하는 용도이며, 발권 시한은 각 항공사마다 별도의 규정이 있으므로 발권 시한까지 발권이 이루어지지 않을 경우 예약이 취소될 수 있다.

(2) Ticket Element 작성

💬 TKTL

지시어	TKTL 20JAN / 1700	
설명	TK	Ticketing Arrangement 기본 지시어
	TL	Ticket Time Limit
	20JAN	여행사 발권 시한 날짜

☞ 20JAN/1700까지 여행사 자체 Ticket 발권 권고 시한으로 발권 권고 시한 지난 후에도 예약 취소는 되지 않고, 8번 Queue로 자동 전송 된다(발권 이후 TKOK로 변경됨)

🖥 Entry 화면 1

```
>   TKTL 20JAN / 1700

RP/SELK133R4/
 1 TK  TL20JAN/1700/SELK133R4
```

💬 TKOK : 바로 발권 예정 또는 Ticket Number가 있는 경우에 입력하며,
Queue는 전송되지 않는다.

○ 예약 시 자동으로 입력되며, 수동 입력 시 시간은 입력하지 않는다.

🖥 Entry 화면 1

```
>  TKOK

RP/SELK133R4/
   1 TK OK20JUL/SELK133R4
```

💬 TKXL

지시어	TKXL 20JAN / 1700

☞ 20JAN/1700 까지 Ticket 발권 권고 시한, 시한이 지난 후에는 예약이 자동 취소되며, 12번
Queue로 자동 전송된다(발권 이후에는 TKOK로 변경됨)

3. 선택 항목 Element별 작성

1) 서비스 사항 : Fact Element

(1) 서비스 사항의 정의

승객의 항공 여행 예약 시 승객의 특별한 정보 사항이나 요구 사항을 해당 항공사에 전달하는 요소라고 할 수 있다. 이러한 정보나 요구 사항들은 여정과 관련된 모든 항공사들에게 통보되어야 하며 경우에 따라 해당 항공사들은 필요 사항을 준비해야 한다. 따라서 관련 항공사가 차질 없이 운송 준비를 하기 위해서는 서비스 사항이 PNR에 정확하게 반영되어야 한다.

(2) 서비스 사항의 종류

승객에 관련된 정보의 전달만을 목적으로 하는 OSI 사항과 승객의 요구 사항을 예약 시에 반영해서 해당 항공사에 요청하고 각각의 항공사들로부터 응답을 받아야 하는 SSR 사항이 있다.

(3) OSI : Other Service Information

승객에 관련된 정보의 전달만을 필요로 하고 응답이 필요 없는 사항이 입력된다.

지시어	OS SQ GOLF PLAYER/P1	
설명	OS	Other Service Information 기본 지시어
	SQ	항공사 코드
	GOLF PLAYER	승객 정보 사항
	/P1	승객 번호 지정

💻 Entry 화면 – PARKSAERI MS (2) – 100CT – SIN [1]

```
>  OS SQ GOLF PLAYER/P1

RP/SELK133R4/
 1.PARK/SAERI MS    2.KIM/YEONA MS
 3   SQ 611 Y 100CT 4 ICNSIN DK2  1120 1655  100CT  E  0 77W M
     SEE RTSVC
 4   SQ 602 Y 05NOV 2 SINICN DK2  1435 2200  05NOV  E  0 787 M
     SEE RTSVC
 5  OSI SQ GOLF PLAYER/P1
```

(4) SSR : Special Service Request

해당 항공사에서 준비를 해주어야 하는 승객의 요구 사항을 요청하는 방법으로 예약자는 이를 PNR에 정확하게 반영해서 요청하고 각각의 항공사들로부터 응답을 받아야 한다.

① Keyword

IATA에서는 승객이 항공사에 요청하는 사항을 분류하여 이를 정해진 Code로 만들고 입력 형태를 표준화해서 사용하는데 이를 Keyword라고 한다. 또한 Keyword는 항공사가 자체적인 필요에 의해 만들어서 사용하기도 한다. 예를 들면 대한항공에서는 유/소아식 미신청인 경우 NOCM으로, 한가족 서비스 신청의 경우 FMLY로 자체적인 Code를 사용하고 있다.

🗨 SSR Keyword 확인 지시어

| HE SSR | ➡ | GPSR4 |

NO	Code	Decode	풀이	Free Text
1	ADTK	Advise If Ticketed	발권 후 공지 요망	N
2	AVIH	Animal in Hold	안고 타는 반려동물	M
3	BIKE	Bicycle in Hold	기내 탑승 자전거	O
4	BLND	Blind	시각 장애 승객	O
5	BSCT	Bassinet/Carrycot/Baby Basket	아기 바구니	O
6	CBBG	Cabin Baggage Requiring Seat	좌석 점유 화물	M
7	CHLD	Child	소아	O
8	CKIN	Information for Airport Personnel	탑승직원을 위한 정보	M
9	CTCM	Passenger Contact Information Mobile Phone Number	승객 휴대폰 정보	O
10	DEAF	Deaf	청각 장애 승객	O
11	DEPU	Deportee	추방자	O
12	DOCA	APIS Address Details	사전입국정보(주소)	O
13	DOCS	APIS Passport or Identity Card	사전입국정보(여권)	O
14	DPNA	Disabled Passenger With Intellectual	지적장애승객	M

☞ Free Text

M : Mandatory

O : Optional

N : Not Permit

NO	Code	Decode	풀이	Free Text
15	EXST	Extra Seat	추가 좌석	M
16	FOID	Form of ID	신분증 형태	M
17	FQTV	Frequent Flyer Mileage Program Accrual	상용고객 우대제도	O
18	FRAG	Fragile Baggage	취급주의 수하물	O
19	GPST	Group Seat Request	그룹좌석 요청	O
20	GRPF	Group Fare	그룹운임 정보	M
21	GRPS	PSGRS Travelling Together Using A Common Identity	그룹 동반여행자	O
22	INAD	Inadmissible Passenger	입국불가 승객	O
23	INFT	Infant	유아	M
24	LANG	Languages Spoken	특별언어 사용 승객	M
25	MAAS	Meet and Assist	도움 요청	M
26	MEDA	Medical Case	환자	O
27	OTHS	Other Service Not Specified by SSR	SR사항이 아닌 정보	M
28	PETC	Animal in Cabin	기내탑승 반려동물	M
29	RQST	Seat Request	좌석 요청	M
30	SEMN	Seaman	선원	M
31	SPEQ	Sports Equipment	스포츠 장비	M
32	STCR	Stretcher Passenger	환자침대 요청 승객	O
33	TWOV	Transit or Transfer Without VISA	무비자 환승 승객	O
34	UMNR	Unaccompanied Minor	비동반 소아	O
35	VIP	Very Important Passenger	귀빈	O
36	WCHC	Wheelchair–All The Way to Seat	휠체어 요청 승객	O
37	XBAG	Excess Baggage	초과 수하물	M
38	CIP	Commercial Important Passenger	대기업 임원	KE
39	TCP	The Complete Party	단체 승객 수	KE

☞ Free Text

  KE : 대한항공에서 자체적으로 사용하는 Code

Meal Code만 확인하는 지시어

HE MEAL	⇒	MS22

NO	Code	Decode	풀이
1	BBML	Baby Meal	유아식
2	BLML	Bland Meal	무자극식
3	CHML	Child Meal	소아식
4	DBML	Diabetic Meal	당뇨식
5	FPML	Fruit Platter	과일식
6	FSML	Fish Meal	생선식
7	GFML	Gluten Intolerant Meal	글루텐 제한식
8	HNML	Hindu Meal	힌두식
9	IVML	Indian Vegetarian Meal	인도채식
10	JPML	Japanese Meal	일본식
11	KSML	Kosher Meal	유대교식
12	LCML	Low Calorie Meal	저칼로리식
13	LFML	Low Fat Meal	저지방식
14	LSML	Low Salt Meal	저염식
15	MOML	Moslem Meal	무슬림식
16	NLML	Low Lactose Meal	저유당식
17	SFML	Sea Food Meal	해산물식
18	SPML	Special Meal	특별식
19	VGML	Vegetarian Vegan Meal	야채식

② SSR 입력

💬 기본 지시어

지시어	SR VGML	
설명	SR	Service Request 기본 지시어
	VGML	채식 Meal Code

🖥 Entry 화면 – SONG HEUNGMIN MR (2) – 10DEC – LAX – 8049 –7791

```
>  SR VGML

--- RLR SFP ---
RP/SELK133R4/SELK133R4          AA/SU  22JUL19/1132Z    WPFOZ3
8049-7791
 1.SONG/HEUNGMIN MR    2.RYU/HYUNJIN MR
 3  KE 017 Y 10DEC 2 ICNLAX HK2  1430 0830  10DEC  E  KE/WPFOZ3
 4  KE 018 Y 17DEC 2 LAXICN HK2  1050 1740  18DEC  E  KE/WPFOZ3
 5 AP 02-777-7777 LUCKY TOUR
 6 APM 010-1111-2222
 7 TK OK22JUL/SELK133R4
 8 SSR VGML KE HK2/S3/P1-2
 9 SSR VGML KE HK2/S4/P1-2
```

👉 승객과 구간(Segment) 미지정 시 전체 승객, 전체 여정에 대해 요청된다.

💬 승객 지정 요청

지시어	SR VGML / P2	
설명	/P2	SR 요청 승객 번호(2번 승객)

🖥 Entry 화면 – SONG HEUNGMIN MR (2) – 10DEC – LAX – 8049 –7791

```
>  SR VGML/P2

--- RLR SFP ---
RP/SELK133R4/SELK133R4              AA/SU  22JUL19/1132Z   WPFOZ3
8049-7791
 1.SONG/HEUNGMIN MR   2.RYU/HYUNJIN MR
 3  KE 017 Y 10DEC 2 ICNLAX HK2   1430 0830   10DEC  E  KE/WPFOZ3
 4  KE 018 Y 17DEC 2 LAXICN HK2   1050 1740   18DEC  E  KE/WPFOZ3
 5 AP 02-777-7777 LUCKY TOUR
 6 APM 010-1111-2222
 7 TK OK22JUL/SELK133R4
 8 SSR VGML KE HK1/S3/P2
 9 SSR VGML KE HK1/S4/P2
```

💬 승객, 구간(Segment) 지정 요청

지시어	SR VGML / P1 / S3	
설명	/S3	SR 요청 구간(Segment) 번호

🖥 Entry 화면 – SONG HEUNGMIN MR (2) – 10DEC – LAX – 8049 –7791

```
>  SR VGML/P1/S3

--- RLR SFP ---
RP/SELK133R4/SELK133R4              AA/SU  22JUL19/1132Z   WPFOZ3
8049-7791
 1.SONG/HEUNGMIN MR   2.RYU/HYUNJIN MR
 3  KE 017 Y 10DEC 2 ICNLAX HK2   1430 0830   10DEC  E  KE/WPFOZ3
 4  KE 018 Y 17DEC 2 LAXICN HK2   1050 1740   18DEC  E  KE/WPFOZ3
 5 AP 02-777-7777 LUCKY TOUR
 6 APM 010-1111-2222
 7 TK OK22JUL/SELK133R4
 8 SSR VGML KE HK1/S3/P1
```

💬 유아식 요청

지시어	SR BBML / S3 /P2	
설명	BBML	유아식(Baby Meal) Code
	S3	구간(Segment) 번호
	P2	보호자 승객 번호

🖥 Entry 화면 – CHANG DONGKUUN MR (2) – 19NOV – SFO [1]

```
>  SR BBML/S3/P2

--- SFP ---
RP/SELK133R4/
 1.CHANG/DONGKUN MR
 2.KO/SOYOUNG MS(INFCHANG/HANA MISS/01JAN19)
 3  KE 023 Y 19NOV 2 ICNSFO DK2  1600 0925  19NOV  E  0 77W BD
    SEE RTSVC
 4  KE 024 Y 27NOV 3 SFOICN DK2  1130 1730  28NOV  E  0 77W DL
    SEE RTSVC
 5 AP 111-1111 HAPPY TOUR
 6 APM 010-777-7777
 7 SSR INFT KE HK1 CHANG/HANAMISS 01JAN19/S3/P2
 8 SSR INFT KE HK1 CHANG/HANAMISS 01JAN19/S4/P2
 9 SSR BBML KE HK1/S3/P2
```

☞ KE의 경우 유/소아가 포함된 예약은 Meal 사항을 입력해야만 PNR 완료가 가능하다.

💬 소아식(Child Meal) 요청

지시어	SR CHML-SPAGHETTI / S3 / P2	
설명	CHML	소아식(Child Meal) Code

🖥 Entry 화면 – LEE NAYOUNG MS (2) – 250CT – JFK [1]

```
> SR CHML-SPAGHETTI/S3/P2

--- SFP ---
RP/SELK133R4/
 1.LEE/NAYOUNG MS   2.WON/HOO MSTR(CHD/05MAY17)
 3  KE 081 Y 250CT 5 ICNJFK DK2  1000 1105  250CT  E  0 388 LM
    SEE RTSVC
 4  KE 082 Y 15NOV 5 JFKICN DK2  1200 1625  16NOV  E  0 388 LD
    SEE RTSVC
 5 AP 02-333-3333 DAEHAN TOUR
 6 APM 010-3333-3333
 7 SSR CHLD KE HK1 05MAY17/P2
 8 SSR CHML KE HN1 SPAGHETTI/S3/P2
```

◉ 소아식(Child Meal) 종류(대한항공)

구 분	메 뉴	영 문
HOT MEAL	햄버거	HAMBURGER
	스파게티	SPAGHETTI
	오므라이스	FRIED RICE/EGG
	돈가스	PORK CUTLET
해외 출발편 HOT MEAL	피자	PIZZA
	핫도그	HOT DOG
COLD MEAL	샌드위치	SANDWICH
	김밥	SEAWEED ROLL

☞ KE 항공을 탑승하는 소아의 경우 소아식을 원하지 않는다면 소아식 Meal Code를 'NOCM'으로
  신청해 주어야 한다.

💬 기내식이 2회 이상 제공되는 동일 구간에 다른 메뉴의 소아식(Child Meal) 요청

지시어	SR CHML-1HAMBURGER / 2 SPAGHETTI / S3 / P2	
설명	1HAMBURGER	첫 번째 메뉴 햄버거 신청
	2SPAGHETTI	두 번째 메뉴 스파게티 신청

🖥 Entry 화면 – LEE NAYOUNG MS (2) – 25OCT – JFK [1]

```
>  SR CHML-1HAMBURGER/2SPAGHETTI/S3/P2

--- SFP ---
RP/SELK133R4/
 1.LEE/NAYOUNG MS    2.WON/HOO MSTR(CHD/05MAY17)
 3  KE 081 Y 25OCT 5 ICNJFK DK2  1000 1105  25OCT  E  0 388 LM
    SEE RTSVC
 4  KE 082 Y 15NOV 5 JFKICN DK2  1200 1625  16NOV  E  0 388 LD
    SEE RTSVC
 5 AP 02-333-3333 DAEHAN TOUR
 6 APM 010-3333-3333
 7 SSR CHLD KE HK1 05MAY17/P2
 8 SSR CHML KE HN1 1HAMBURGER/2SPAGHETTI/S3/P2
```

(5) APIS(Advanced Passenger Information System) : 사전입국심사

모든 승객의 여권 등의 신분 정보를 PNR에 입력하면 해당 항공사에서 관계 당국에 관련 자료를 사전 통보하여 해당 국가 도착 시 모든 승객이 보다 신속하고 정확하게 입국 심사를 받을 수 있도록 하는 제도이다.

지시어	SR DOCS-P-KR-M11223344-KR-05SEP00-F-23JUL28-LEE/NAYOUNG/P1	
설명	DOCS	사전입국 심사 신분정보 (APIS Passport or Identity Card) Code
	P	신분증 종류 Type Code : P-여권(Passport)
	KR	여권 발행국 : KR-KOREA
	M11223344	여권번호
	KR	국적
	05SEP00	생년월일
	F	성별
	23JUL28	여권 만료일
	LEE/NAYOUNG	승객 성명
	P1	승객 지정(1번 승객)

🖥 Entry 화면 – LEE NAYOUNG MS (2) – 25OCT – JFK [1]

```
> SR DOCS-P-KR-M11223344-KR-05SEP00-F-23JUL28-LEE-NAYOUNG/P1

--- SFP ---
RP/SELK133R4/
 1.LEE/NAYOUNG MS   2.HAN/JIMIN MS
 3  KE 081 Y 25OCT 5 ICNJFK SS2  1000 1105  25OCT  E  0 388 LM
    SEE RTSVC
 4  KE 082 Y 15NOV 5 JFKICN SS2  1200 1625  16NOV  E  0 388 LD
    SEE RTSVC
 5 AP 02-333-3333 DAEHAN TOUR
 6 APM 010-3333-3333
 7 SSR DOCS KE HK1 P/KR/M11223344/KR/05SEP00/F/23JUL28/LEE/NAYO
     UNG/P1
```

👉 여권 번호를 모르는 경우 생년월일만 반영하여 APIS 입력이 가능하다.
　 : SR DOCS-P-KR--KR-05SEP00-F--LEE-NAYOUNG

👁 APIS 종류

DOCS	APIS Passport or Identity Card	사전입국심사 신분 정보
DOCA	APIS Address Details	미국 내 첫 도착도시 주소 정보
DOCO	APIS VISA	승객과 관련된 기타 여행 정보

(6) FQTV(Frequent Flyer Information)

대부분의 항공사는 상용고객 우대제도로서 마일리지 카드를 운영하고 있는데, PNR에 회원번호를 입력해 놓으면 Check-In 시 탑승 마일리지가 자동 적립되는 기능이다.

① FQTV 관련 지시어

지시어	설명
FFAOZ-315948306	가입 항공사에서 FQTV정보를 제공하는 경우 마일리지 회원 번호 입력(승객명과 회원번호 자동 입력됨)
FFNDL-9177133809	①가입 항공사에서 FQTV정보를 제공하지 않는 경우 또는 ②완성된 PNR에 마일리지 회원 번호 입력
FFNOZ-123456789,AC	탑승항공사(AC)와 가입 항공사(OZ)가 다른 경우 입력
FFDKE-111122223333	마일리지 카드 조회
VFFD KE	특정 항공사(KE)와 마일리지 협정 제휴 항공사 LIST 조회

💬 가입된 항공사에서 FQTV 정보를 제공하는 회원 번호 입력

지시어	FFAOZ-315948306

🖥 Entry 화면 – JUNG INKYUNG MS (1) [1]

```
> FFAOZ-315948306

RP/SELK133R4/
1.JUNG/INKYUNG MS
2 *SSR FQTV YY HK/ OZ315948306/SLVR
```

👉 승객의 성명이 자동 입력됨
👉 *는 입력한 회원번호가 유효한 번호임을 의미함

💬 가입된 항공사에서 FQTV 정보를 제공하지 않거나 이미 생성된 PNR에 회원 번호 입력

지시어	FFNDL-9177133809

🖥 Entry 화면

```
>  FFADL-9177133809

NO DATABASE FOR AIRLINE
>  FFNDL-9177133809

NEED NAME
```

☞ 해당 항공사에서 FQTV 정보를 제공하지 않는 경우에는 회원 번호를 입력하기 전 승객 성명을 먼저 입력해야 한다.

💬 탑승 항공사와 가입 항공사가 다른 경우 회원번호 입력

지시어	FFNOZ-315948306,AC

🖥 Entry 화면 – JUNG IMKYUNG MS (1) – 3OSP – YVR [1]

```
>  FFNOZ-315948306,AC

--- SFP ---
RP/SELK133R4/
1.JUNG/INKYUNG MS
 2   AC 064 Q 30SEP 1 ICNYVR DK1  1530 0920  30SEP  E  0 789 MB
     B787 DREAMLINER OFFER PREMIUM ECONOMY,BKG CLASS-N,E,O
     SEE RTSVC
 3 AP 02-777-7777 SMILE TOUR
 4 APM 010-1234-7890
 5 *SSR FQTV AC HK/ OZ315948306/SLVR
```

💬 마일리지 카드 조회

지시어	FFDOZ-315948306

🖥 Entry 화면 1

```
>  FFDOZ-315948306

315948306
JUNG/INKYUNG MS
```

💬 특정 항공사와 마일리지 협정 제휴 항공사 LIST 조회

지시어	VFFD LH	LH 항공사와 마일리지 협정 제휴 항공사 조회

🖥 Entry 화면 1

```
>  VFFDLH

VFFDLH

FF AGREEMENTS                               LH AGREEMENTS: 040
-----------------------------------------------------------------
LH.  / AC. AI. AV. A3. BE. BR. CA. CM. CX. DE. EN. ET. EW. JP.
       KC. KM. LA. LG. LO. LR. LX. MS. NH. NZ. OA. OS. OU. OZ.
       SA. SK. SN. SQ. TA. TG. TK. TP. UA. WK. ZH. 4U.
```

2) 요청자 사항 : Received From Element

지시어	RF HONG GILDONG MR	
설명	RF	예약 요청자 입력 기본 지시어
	HONG GILDONG MR	예약 요청자(Free-flow Text)

☞ 성명으로 입력 시 부호 / 입력은 불가하다.

 Entry 화면 1

```
>  RF HONG GILDONG MR

RP/SELK133R4/
RF HONG GILDONG MR
```

3) 참고 사항 : Remarks Element

(1) 기능

- 직원 상호 간에 업무 연락을 위한 Message 전달 및 확인
- 예약 재확인이나 승객에게 필요한 정보(Information) 전달 후 기록
- 기타 해당 PNR에 관련된 제반 내용을 수록하여 PNR을 처리하는 직원들과 공유

(2) Remarks 의 종류

RM	General Remarks	PNR 조회가 가능한 모든 여행사에서 확인 가능. 한글 입력 가능
RC	Confidential Remarks	입력한 여행사만 확인 및 수정이 가능
RX	Corporate Remarks	입력한 여행사와 해당 여행사와 'Amadeus Extended Ownership Agreement'가 있는 여행사만 확인 가능

☞ PNR 생성 완료 후에 입력한 Remarks 사항은 PNR History에 모두 기록되므로 작업자 sign과 입력 시간 확인이 가능하다.

(3) 입력 지시어

💬 General Remarks 입력

지시어	RM PAX NEEDS A STUDENT ID FOR SD FARE	Free Text 입력

🖥 Entry 화면 – SONG HYEGYO MS (1) – 2SDEC – PRG [1]

```
>  RM PAX NEEDS A STUDENT ID FOR SD FARE

RP/SELK133R4/
 1.SONG/HYEGYO MS
 2  KE 935 Y 25DEC 3 ICNPRG DK1  1250 1610  25DEC  E  0 789 LD
    BLOCKSPACE CODESHARE FLIGHT
    SEE RTSVC
 3 AP 02-111-1111 SONG TOUR
 4 APM 010-2222-3333
 5  RM PAX NEEDS A STUDENT ID FOR SD FARE
```

💬 Confidential Remarks 입력

지시어	RC PAYMENT VI1111222233334444/1225	Free Text 입력

🖥 Entry 화면 – SONG HYEGYO MS (1) – 25DEC – PRG[1]

```
>  RC PAYMENT VI1111222233334444/1225

RP/SELK133R4/
  1.SONG/HYEGYO MS
  2  KE 935 Y 25DEC 3 ICNPRG DK1  1250 1610  25DEC  E  0 789 LD
     BLOCKSPACE CODESHARE FLIGHT
     SEE RTSVC
  3 AP 02-111-1111 SONG TOUR
  4 APM 010-2222-3333
  5 RC SELK133R4-W/PAYMENT VI1111222233334444/1225
```

💬 Corporate Remarks 입력

지시어	RX REISSUE CHARGE APPLIED	Free Text 입력

🖥 Entry 화면 – SONG HYEGYO MS (1) – 2SDEC – PRG [1]

```
>  RX REISSUE CHARGE APPLIED

RP/SELK133R4/
  1.SONG/HYEGYO MS
  2  KE 935 Y 25DEC 3 ICNPRG DK1  1250 1610  25DEC  E  0 789 LD
     BLOCKSPACE CODESHARE FLIGHT
     SEE RTSVC
  3 AP 02-111-1111 SONG TOUR
  4 APM 010-2222-3333
  5 RX REISSUE CHARGE APPLIED
```

4. 예약 기록(PNR)의 삭제

1) 여정 및 Data 삭제

TOPAS SellConnect는 PNR 작성 시 입력하는 모든 Data에 Element 번호를 부여하므로 여정이나 Data 취소 시 해당 Element 번호를 사용하여 삭제한다.

(1) 특징

- 여러 개의 Element를 동시에 삭제할 수 있다. 단 여정과 Data는 동시에 삭제할 수 없다.
- PNR 작성 시 자동 입력 된 OPW, OPC Element는 삭제할 수 없다.
- Element 삭제 후에는 반드시 PNR 작성 완료(End Of Transaction)를 해주어야 한다.

(2) 지시어

지시어	XE5	5번 Element 삭제
	XE4-5	4-5번 Element 삭제
	XE4-5,8	4-5, 8번 Element 삭제
	XI	전체 여정 삭제

최신 항공예약

💬 기준 PNR

🖥 Entry 화면 – JUNG INKYUNG MS (1) – 10JAN – 9999-7777

```
--- RLR ---
RP/SELK133R4/SELK133R4            AA/SU  24JUL19/0508Z   NXEQQV
9999-7777
  1.JUNG/INKYUNG MS
  2  KE 645 Y 10JAN 5 ICNSIN HK1  1835 0010  11JAN  E  KE/NXEQQV
  3  KE 648 Y 20JAN 1 SINICN HK1  1100 1830  20JAN  E  KE/NXEQQV
  4 AP 02-123-4567 HAPPY TOUR
  5 APM 010-9999-7777
  6 TK OK24JUL/SELK133R4
  7 SSR VGML KE HK1/S2
  8 SSR SFML KE HK1/S3
  9 OPW SELK133R4-06AUG:1900/1C7/KE REQUIRES TICKET ON OR BEFORE
        07AUG:1900/S2-3
 10 OPC SELK133R4-07AUG:1900/1C8/KE CANCELLATION DUE TO NO
        TICKET/S2-3
 11 RM PSGR NOTICED TKTL
```

| 지시어 | XE 5 |

🖥 Entry 화면 – JUNG INKYUNG MS (1) – 10JAN – SIN – 9999 – 7777

```
> XE5

--- RLR ---
RP/SELK133R4/SELK133R4              AA/SU  24JUL19/0508Z   NXEQQV
9999-7777
 1.JUNG/INKYUNG MS
 2  KE 645 Y 10JAN 5 ICNSIN HK1  1835 0010  11JAN  E  KE/NXEQQV
 3  KE 648 Y 20JAN 1 SINICN HK1  1100 1830  20JAN  E  KE/NXEQQV
 4 AP 02-123-4567 HAPPY TOUR
 5 TK OK24JUL/SELK133R4
 6 SSR VGML KE HK1/S2
 7 SSR SFML KE HK1/S3
 8 OPW SELK133R4-06AUG:1900/1C7/KE REQUIRES TICKET ON OR BEFORE
       07AUG:1900/S2-3
 9 OPC SELK133R4-07AUG:1900/1C8/KE CANCELLATION DUE TO NO
       TICKET/S2-3
10 RM PSGR NOTICED TKTL
```

| 지시어 | XE 4-5 |

🖥 Entry 화면 – JUNG INKYUNG MS (1) – SIN – 9999 – 7777

```
> XE4-5

--- RLR ---
RP/SELK133R4/SELK133R4              AA/SU  24JUL19/0508Z   NXEQQV
9999-7777
 1.JUNG/INKYUNG MS
 2  KE 645 Y 10JAN 5 ICNSIN HK1  1835 0010  11JAN  E  KE/NXEQQV
 3  KE 648 Y 20JAN 1 SINICN HK1  1100 1830  20JAN  E  KE/NXEQQV
 4 TK OK24JUL/SELK133R4
 5 SSR VGML KE HK1/S2
 6 SSR SFML KE HK1/S3
 7 OPW SELK133R4-06AUG:1900/1C7/KE REQUIRES TICKET ON OR BEFORE
       07AUG:1900/S2-3
 8 OPC SELK133R4-07AUG:1900/1C8/KE CANCELLATION DUE TO NO
       TICKET/S2-3
 9 RM PSGR NOTICED TKTL
```

지시어	XE 4-5, 8

🖥 Entry 화면 – JUNG INKYUNG MS (1) – SIN – 9999 – 7777

```
> XE4-5,8

--- RLR ---
RP/SELK133R4/SELK133R4            AA/SU  24JUL19/0508Z    NXEQQV
9999-7777
 1.JUNG/INKYUNG MS
 2  KE 645 Y 10JAN 5 ICNSIN HK1  1835 0010  11JAN  E  KE/NXEQQV
 3  KE 648 Y 20JAN 1 SINICN HK1  1100 1830  20JAN  E  KE/NXEQQV
 4 TK OK24JUL/SELK133R4
 5 SSR VGML KE HK1/S2
 6 OPW SELK133R4-06AUG:1900/1C7/KE REQUIRES TICKET ON OR BEFORE
       07AUG:1900/S2-3
 7 OPC SELK133R4-07AUG:1900/1C8/KE CANCELLATION DUE TO NO
       TICKET/S2-3
 8 RM PSGR NOTICED TKTL
```

지시어	XI 또는 XE 2-3

🖥 Entry 화면 – JUNG INKYUNG MS (1) – 9999 – 7777

```
> XI

--- RLR ---
RP/SELK133R4/SELK133R4            AA/SU  24JUL19/0508Z    NXEQQV
9999-7777
 1.JUNG/INKYUNG MS
 2 AP 02-123-4567 HAPPY TOUR
 3 APM 010-9999-7777
 4 TK OK24JUL/SELK133R4
 5 SK SSRX KE SSRS HAVE BEEN CANCELLED-PLZ TAKE ACTION
```

5. Re-booking PNR

PNR 작성 중 또는 완료 후에 여정 Element를 삭제하지 않고 여정의 날짜, 항공편, Booking Class, 좌석 수 등을 변경할 수 있는 편리한 기능이며, 재 예약 후에는 반드시 PNR 작성 완료(End Of Transaction)를 해주어야 한다.

💬 기준 PNR

🖥 Entry 화면 – CHO INSUNG MR (1) – 3IJAN – BKK – 0123-4598

```
--- RLR ---
RP/SELK133R4/SELK133R4          AA/SU   24JUL19/0751Z    OCF8I8
0123-4598
  1.CHO/INSUNG MR
  2   KE 657 Y 31JAN 5 ICNBKK HK1  0915 1315   31JAN  E  KE/OCF8I8
  3   KE 660 Y 10FEB 1 BKKICN HK1  0940 1720   10FEB  E  KE/OCF8I8
  4 AP 02-123-4567 SMILE TOUR
  5 APM 010-123-4567
  6 TK OK24JUL/SELK133R4
  7 OPW SELK133R4-06AUG:1900/1C7/KE REQUIRES TICKET ON OR BEFORE
        07AUG:1900/S2-3
  8 OPC SELK133R4-07AUG:1900/1C8/KE CANCELLATION DUE TO NO
        TICKET/S2-3
```

◉ 항공편 재 예약(Re-booking)

지시어	SB KE653 * 2	
설명	SB	Should Be 변경 기본 지시어
	KE653	변경할 항공편
	*	구분 기호 Asterisk
	2	변경할 여정의 Element 번호

☞ 구분 기호 * 는 항공편명과 여정 번호를 구분하기 위해 항공편 재 예약 시에만 입력한다.

🖥 Entry 화면 – CHO INSUNG MR (1) – 31JAN – BKK – 0123-4598

```
>  SB KE653*2

--- RLR ---
RP/SELK133R4/SELK133R4            AA/SU  24JUL19/0751Z    OCF8I8
0123-4598
 1.CHO/INSUNG MR
 2  KE 653 Y 31JAN 5 ICNBKK DK1  1850 2255  31JAN  E   0 77W D
    SEE RTSVC
 3  KE 660 Y 10FEB 1 BKKICN HK1  0940 1720  10FEB  E  KE/OCF8I8
 4 AP 02-123-4567 SMILE TOUR
 5 APM 010-123-4567
```

◉ 날짜 재 예약(Re-booking)

지시어	SB 05FEB 3	3번 여정을 05FEB로 변경

🖥 Entry 화면 – CHO INSUNG MR (1) – 31JAN – BKK – 0123-4598

```
>  SB 05FEB 3

--- RLR ---
RP/SELK133R4/SELK133R4            AA/SU  24JUL19/0751Z    OCF8I8
0123-4598
 1.CHO/INSUNG MR
 2  KE 657 Y 31JAN 5 ICNBKK HK1  0915 1315  31JAN  E  KE/OCF8I8
 3  KE 660 Y 05FEB 3 BKKICN DK1  0940 1720  05FEB  E   0 333 L
    SEE RTSVC
 4 AP 02-123-4567 SMILE TOUR
 5 APM 010-123-4567
```

◉ Booking Class 재 예약(Re-booking)

지시어	SB M 또는 SB M2-3	전 구간 M Class로 변경

🖥 Entry 화면 – CHO INSUNG MR (1) – 31JAN – BKK – 0123-4598

```
>  SB M

--- RLR ---
RP/SELK133R4/SELK133R4          AA/SU  24JUL19/0751Z   OCF8I8
0123-4598
 1.CHO/INSUNG MR
 2  KE 657 M 31JAN 5 ICNBKK DK1  0915 1315  31JAN  E  0 77W M
    SEE RTSVC
 3  KE 660 M 10FEB 1 BKKICN DK1  0940 1720  10FEB  E  0 333 L
    SEE RTSVC
 4 AP 02-123-4567 SMILE TOUR
 5 APM 010-123-4567
```

◉ 좌석 수 변경

지시어	1/3	1번 여정의 좌석수를 3석으로 변경

🖥 Entry 화면 – 31JAN – BKK [1]

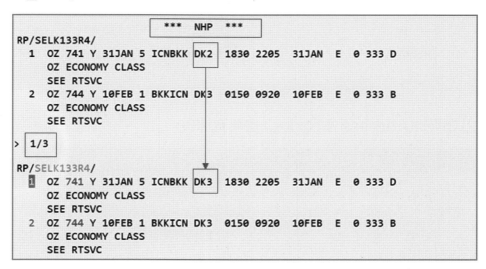

👉 좌석 수 변경 지시어는 PNR 작성 중에만 가능하며, 좌석의 증가, 감소 모두 가능하다.

👉 KE의 경우 IN/OUT Bound의 좌석 수가 다르면 일반적인 여정 예약은 불가능하므로 좌석 수와 승객 수를 맞추거나 NHP(페이지 160 참고) PNR 작성을 해야 한다.

PNR 작성, 수정 및 삭제 지시어 정리

1) 성명(Name) 입력 지시어

지시어	설명
NM1KIM/DAEHAN,MR	성인 남자 승객 이름 입력
NM2KIM/DAEHAN,MR/MINGUK,MR	동일한 성을 가진 승객 동시 입력
NM1KIM/DAEHAN,MR1PARK/NARA,MS	2명 이상의 승객 성명 동시 입력
NM1KIM/SARANG,MS(CHD/05MAY15)	소아(Child) 승객 성명 입력
NM1PARK/NARA,MS(INFKIM/ MANSAE,MSTR/25DEC18)	보호자와 성이 동일하지 않은 유아 성명 입력
NM1KIM/DAEHAN,MR(INF/ MANSAE,MSTR/25DEC18)	성이 보호자와 동일한 유아 성명 입력
1/(INF/MANSAE,MSTR/25DEC18)	1번 보호자 성명에 유아 성명 추가 입력
1/	1번 보호자 승객의 유아 성명 삭제
3/(CHD/05MAY15)	3번 소아 승객 생년월일 추가 입력
3/1NOH/HONGCHUL,MR	3번 승객 성명 수정

2) 연락처(Address & Phone) 입력 지시어

지시어	설명
APA-02-123-4567 ONE TOUR	여행사(Agency) 전화번호
APM-010-123-4567	모바일(Mobile)폰 번호
APH-02-987-6543	집(Home) 전화 번호
APB-02-456-7890	사무실(Business) 전화 번호
APE-TOPAS@NAVER.COM	E-mail 주소
4/02-876-5432	4번 Element 전화번호 수정

3) 여정(Itinerary) 입력 지시어

지시어	설명
AN20DECICNSIN/AKE → SS1E2	Availability 조회 후 2번 스케줄 비행편으로 E class 1명 예약
AN30NOVICNCDG/ABA → SS1MS1	Availability 조회 후 연결편이 각각 다른 Booking Class 인 경우 : M+S Class 1좌석
AN20DECICNSIN/AKE*25DEC/AKE → SS1E2*12	왕복 Availability 확인 후 왕복편 동시 예약: E class 로 2번과 12번 비행편 동시 예약
SS KE017 Y 10DEC SELLAX 1	12/10일 KE017편 서울-LA Y Class직접 예약
SO KE Y FRAICN	미확정 구간 예약
AN5JANICNSFO/AKE → SS1U1/PE	U Class 1석 대기자 예약
SS KE023 U 05JAN ICNSFO PE1	대기자 직접 예약
SI ARNK	비항공 운송구간 예약

4) 항공권 사항(Ticket Arrangement) 입력 지시어

지시어	설명
TKTL10JAN/1700	여행사 자체 발권시한 입력. 시한이 지나도 예약 취소되지 않음
TKOK	바로 발권 또는 Ticket 번호가 있는 경우
TKXL10JAN/1700	항공권 발권 권고 시한 입력. 시한이 지나면 예약 자동 취소됨

5) 요청자(Received From) 사항 입력 지시어

지시어	설명
RF HONG GILDONG MR	예약 및 변경 요청자 입력

6) 참고사항(Remarks) 입력 지시어

지시어	설명
RM + Free Text	General Remarks
RC + Free Text	Confidential Remarks
RX + Free Text	Corporate Remarks

7) 서비스 사항(Fact Element) 입력 지시어

지시어	설명
OS SQ GOLF PLAYER/P1	Other Service 신청, 정보만 전달 됨
SR VGML	채식 신청
SR VGML / P1 / S3	1번 승객의 3번 여정에 채식 신청
SR BBML / S3 /P1	1번 승객 동반 유아의 3번 여정에 유아식
SR CHML−SPAGHETTI / S3 / P2	2번 승객의 3번 여정에 스파게티 소아식
SR CHML−1HAMBURGER/2 SPAGHETTI / S3 / P2	동일 여정에 햄버거&스파게티 소아식 신청
SR DOCS-P-KR-M11223344-KR-05SEP00 −F-23JUL28-LEE/NAYOUNG/P1	APIS 여권정보 입력
FFAOZ-315948306	FQTV 정보를 제공하는 항공사의 회원 번호 입력
FFNDL-9177133809	① 정보를 제공하지 않는 항공사 번호 입력 ② 완성된 PNR에 입력하는 경우
FFNOZ-315948306,AC	탑승 항공사(AC)와 가입 항공사(OZ)가 다른 경우 회원번호 입력
FFDOZ-315948306	마일리지 카드 조회
VFFD LH	LH 항공사와 마일리지 제휴 항공사 조회

8) 예약 기록(PNR) 삭제 지시어

지시어	설명
XE5	5번 Element 삭제
XE4-5,8	4-5, 8번 Element 삭제
XI	전체 여정 삭제

9) PNR Re-booking 지시어

지시어	설명
SB KE653 * 2	2번 여정 KE653편으로 Re-booking
SB 05FEB 3	3번 여정 2월 5일로 Re-booking
SB M	전 구간 Booking Class M 으로 Rebooking
1/3	1번 여정 좌석 수 3좌석으로 변경

실습문제

Chapter 4

실습 1

구분	문제	지시어
승객 성명	① 본인 ② 아버지 　(동일성을 가진 성명 동시 입력 예약)	
연락처	① 해피여행사 02-737-2000 ② 본인 휴대폰 번호 ③ 아버지 이메일 주소 　happy@naver.com	
여정	① 11/17일 서울-홍콩 CX Y CLASS ② 11/30일 홍콩-서울 CX Y CLASS 　단 좌석이나 스케줄이 없는 경우 임의로 　예약 가능	
요청 사항	① 본인 전체 여정에 채식 ② 아버지 전체 여정에 당뇨식	
요청자	본인	
PNR 저장	PNR Address :	

실습 2

구분	문제	지시어
승객 성명	① 본인 ② LEE/SANGSOON MR ③ LEE/SEUNGKI(남아/2016.01.01.) ④ LEE/HYORI (여아/2019.05.05./보호자 본인)	
연락처	① 스마일 여행사 02-233-7000 ② 본인 휴대폰 번호 ③ 이상순 휴대폰 010-1234-4567	
여정	① 12/02일 서울-런던 KE Y CLASS ② 1/05일 파리-서울 KE Y CLASS 　(여정의 연속성 맞추어 예약) 　단 좌석이나 스케줄이 없는 경우 임의로 예약 가능	
요청 사항	① 본인 서울-런던 여정에 채식 ② 이승기 전체 여정에 핫도그 신청	
요청자	본인	
PNR 저장	PNR Address :	

실습 3

구분	문제	지시어
승객 성명	① 본인 ② KANG/HANGUK MR ③ KANG/NARA(여아, 2016.12.25.)	
연락처	① 02-700-3100 GOGO TOUR ② 본인 휴대폰 번호 ③ 강한국 이메일 HANGUK@DAUM.NET	
여정	① 11/30 서울-오사카 KE Y CLASS ② 12/5 오사카-서울 KE Y CLASS 　 단 좌석이나 스케줄이 없는 경우 임의로 예약 가능	
요청 사항	① 본인 전체 여정에 당뇨식 신청 ② 소아 승객 소아식 신청 　 (출발편:Sandwich, 귀국편:Hamburger)	
비고 사항	General Remarks 임의 입력	
PNR 저장	PNR Address :	
변경 사항	오사카-서울 12/7일로 날짜 변경	
요청자	본인	

실습 4

구분	문제	지시어
승객 성명	① HAN/GANG MS ② KANG/SAN MR	
연락처	① 스마일 여행사 02-233-7000 ② 본인 휴대폰 번호	
여정	① 12/03일 서울-동경 KE Y CLASS ② 12/07일 동경-서울 KE Y CLASS 　　단 좌석이나 스케줄이 없는 경우 임의로 예약 가능	
요청 사항	① 1번 승객 APIS정보 입력 　　(생년월일:1998.05.05.) ② 2번 승객 APIS정보 입력 　　(생년월일:1998.12.31.)	
PNR 저장	PNR Address :	
변경 사항	전체 여정 취소	
요청자	2번 승객	

실전문제

Chapter 4

① 다음 중 PNR의 각 Element에 대한 기본 Entry(지시어)로 틀린 것을 고르시오.

① 성명 : NM   ② 연락처 : PH

③ 여정 : SS   ④ Remarks : RM

② 승객의 여정이 미확정 된 경우 미확정 구간을 입력하는 Entry(지시어)를 기재하시오.
(항공사 : AF, Booking Class : Y, 여정 : CDGICN)

③ 다음 중 PNR 작성에 대한 설명으로 틀린 것을 고르시오.

① PNR의 필수 구성요소는 성명, 전화번호(연락처), 여정, Ticket Arrangement
이다.

② 중간에 비항공운송구간이 발생하더라도 반드시 ARNK를 입력할 필요는 없다.

③ 여정은 출발 순서대로 입력하지 않아도 자동으로 여정 순서가 조정된다.

④ 성명 입력 시 입력 순서와는 상관없이 알파벳 순서대로 저장된다.

❹ 다음 PNR을 참고하여 아래 내용 중 수정/삭제에 대한 설명으로 틀린 것을 고르시오.

```
--- RLR ---
RP/SELK1394Z/SELK1394Z          AA/SU   3AUG19/0515Z   ROJVCC
8529-7777
1.KIM/TOPAS MR   2.KIM/UNI MS(INF/YUA MISS/25DEC18)
 3  TG 659 Q 10SEP 2 ICNBKK HK2  0935 1325  10SEP  E  TG/ROJVCC
 4  TG 688 Q 20SEP 5 BKKICN HK2  2235 0600  21SEP  E  TG/ROJVCC
 5 APA 02-737-7777 TOPAS TOUR
 6 APM 010-8529-7777/P1
 7 TK OK03AUG/SELK1394Z
 8 SSR INFT TG HK1 KIM/YUAMISS 25DEC18/S3/P2
 9 SSR INFT TG HK1 KIM/YUAMISS 25DEC18/S4/P2
```

① 1번 승객의 휴대폰 번호를 삭제하는 Entry는 XE6 이다.

② TG688편의 날짜를 25SEP로 변경하는 Entry는 SB 25SEP 4 이다.

③ 3번 여정을 취소하는 Entry는 XE3 이다.

④ 유아의 성명을 삭제하는 Entry는 XE2(INF) 이다.

❺ 다음 조건에 맞는 SSR 요청 Entry를 기재하시오.

조건	2번 승객, 4번 여정, 요청사항-소아식(Spaghetti)

❻ 다음 여정에서 인천-하노이 구간의 날짜를 2월 15일로 변경하는 여정변경 간편 Entry를 기재하시오.

```
RP/SELK1394Z/
1.JANG/HADA MR
 2  OZ 729 Q 01JAN 3 ICNHAN DK1  1035 1310  01JAN  E  0 333 S
```

❼ 다음 여정에서 인천-동경 구간의 항공편을 KE705편으로 변경하는 여정변경 간편 Entry를 기재하시오.

```
RP/SELK1394Z/
  1.JANG/HANI MS
  2  KE 703  Y 10NOV 7 ICNNRT DK1  0955 1220  10NOV  E  0 74H M
```

❽ PNR 작성 완료 시 다음과 같은 Error Message가 표시되어 전체여정에 핫도그(Hot Dog)를 신청하고자 할 때 알맞은 Entry를 기재하시오.

```
RP/SELK1394Z/
  1.HAN/SARANG MS    2.HAN/GUKMINS MSTR(CHD/25DEC16)
  3  KE 631 E 01OCT 2 ICNCEB DK2  2005 2330  01OCT  E  0 333 D
     SEE RTSVC
  4  KE 632 E 07OCT 1 CEBICN DK2  0100 0625  07OCT  E  0 333 B
     SEE RTSVC
  5 AP SEL 1566-0014 - TOPAS TRAINING UNIVERSITY - A
  6 APM 010-3456-9977/P1
  7 SSR CHLD KE HK1 25DEC16/P2
*TRN*
>ET

RESERVATION NUMBER BASED ON PHONE:3456-9977
NEED CHILD/INFANT MEAL
```

❾ PNR 작성 완료 시 다음과 같은 Warning Message가 보이지 않게 하기 위해 입력할 수 있는 Entry를 기재하시오.

```
RP/SELK1394Z/
  1.LEE/TEST MR
  2  KE 905 M 16DEC 1 ICNFRA DK1  1320 1730  16DEC  E  0 77W LD
     SEE RTSVC
  3  KE 932 M 26DEC 4 FCOICN DK1  2215 1700  27DEC  E  0 74H BD
     SEE RTSVC
  4 AP SEL 1566-0014 - TOPAS TRAINING UNIVERSITY - A
  5 APM 010-9999-5555
*TRN*
>ER

WARNING: CHECK SEGMENT CONTINUITY - SEGMENT 2/3
```

⑩ 다음의 조건으로 여정을 직접 예약(Direct Booking)하는 Entry를 기재하시오.

조건	KE905편, E CLASS, 10월30일 출발, 인천-프랑크푸르트

⑪ 다음의 PNR에서 마닐라-인천 구간의 좌석 수를 승객 수에 알맞게 변경하는 Entry를 기재하시오.

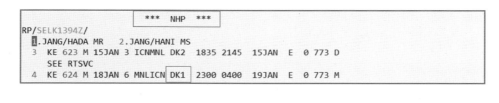

```
                        ***  NHP  ***
RP/SELK1394Z/
  1.JANG/HADA MR    2.JANG/HANI MS
 3  KE 623 M 15JAN 3 ICNMNL DK2  1835 2145  15JAN  E  0 773 D
     SEE RTSVC
 4  KE 624 M 18JAN 6 MNLICN DK1  2300 0400  19JAN  E  0 773 M
```

⑫ 다음 중 특별서비스 요청 Entry와 설명으로 옳은 것을 고르시오.

① OS SQ HOCKEY PLAYER/P2 : 항공사로부터 반드시 응답을 받아야 하는 서비스 요청 Entry

② FFDKE-112327076947 : FQTV 정보가 제공되지 않는 항공사의 회원번호 입력

③ SR DBML/P2 : 2번 승객의 3번 여정에만 당뇨식 신청

④ SR NOCM/P3 : KE 항공에 예약되어 있는 3번 소아승객이 소아식을 신청하지 않을 경우 입력 Entry

⑬ 다음의 PNR Re-booking 지시어가 틀린 것을 고르시오.

① SB KE001/4 : 4번 여정의 항공편을 KE001로 변경

② SB M : 전체 여정 M Class로 변경

③ SB 15AUG5 : 5번 여정의 날짜를 8월15일로 변경

④ SB B4 : 4번 여정 B Class로 변경

⑭ 다음의 PNR에서 1번 승객에 여자 유아 성명(KANG/SORI, 생년월일 : 2018.02.02.)을 추가하는 Entry를 기재하시오.

```
RP/SELK1394Z/
 1.HAN/SARANG MS
 2  KE 637 Y 09OCT 3 ICNHKT DK1  1900 2315  09OCT  E  0 333 DR
```

⑮ 전체 여정을 삭제하는 간편 Entry를 기재하시오.

MEMO

예약 기록(PNR)의
완료 및 조회

1. 예약 기록(PNR) 작성의 완료

PNR 생성 및 변경 작업을 마치면 완료 지시어^(End Of Transaction)를 입력하여 TOPAS SellConnect Main Computer에 저장하게 된다.

PNR이 저장되면 해당 PNR의 고유 번호인 예약번호^(PNR Address)가 부여된다.

1) PNR 완료 및 저장(End Of Transaction) 지시어

지시어	ET	End Of Transaction : PNR 저장 후 작업 종료
	ER	End and Retrieve : PNR 저장 후 PNR 재 조회
	ETK/ERK	PNR Status(KK/PN/WK/SC) 자동 정리 후 저장

💬 PNR 작성 완료 및 저장(End Of Transaction)

지시어	ET

🖥 Entry 화면 – HUR JOON MR (1) – 30OCT – YYZ [1]

```
--- SFP ---
RP/SELK133R4/
  1.HUR/JOON MR
  2  KE 073 E 30OCT 3 ICNYYZ DK1  1020 1015   30OCT   E  0 789 LM
     SEE RTSVC
  3  KE 074 E 10NOV 7 YYZICN DK1  1140 1525   11NOV   E  0 789 DL
     SEE RTSVC
  4 AP 02-737-3777 TOPAS
  5 APM 010-2244-7836

>  ET

①WARNING: SECURE FLT PASSENGER DATA REQUIRED FOR TICKETING PAX 1
②RESERVATION NUMBER BASED ON PHONE:2244-7836
③WARNING: KE REQUIRES TICKET ON OR BEFORE 08AUG:1900/S2-3

>  ET

④END OF TRANSACTION COMPLETE - P729U8 - KE/2244-7836
```

① APIS DOC 정보가 입력되어 있지 않은 경우의 Warning Message

② PNR 작업이 성공적으로 수행되어 저장될 경우 부여될 예약 번호(PNR Address)이며, 예약번호는 입력한 Mobile Phone 번호를 기준으로 가장 유사한 고유 번호로 설정됨.

③ 발권 시한(Ticket Time Limit)에 대한 Warning Message

④ PNR 완료 및 저장이 성공적으로 되어 예약 번호(PNR Address)가 부여됨.
이때 예약번호는 숫자 형식과 알파벳 형식의 두 종류로 생성됨.

💬 PNR 완료(End Of Transaction)와 조회(Retrieve)의 동시 작업

PNR을 완료(End Of Transaction) 하면 PNR은 Main Computer에 보관되고 이를 다시 확인하기 위해서는 조회 지시어를 사용해서 확인해야 하는 번거로움이 있는데 다음의 지시어를 사용하여 편리하게 PNR 완료와 조회를 동시에 할 수 있다.

지시어	ER	EOT 후 PNR 재 조회(Retrieve)

🖥 Entry 화면 - KIM SARANG MS (1) - 15NOV -YVR - 4114-4114

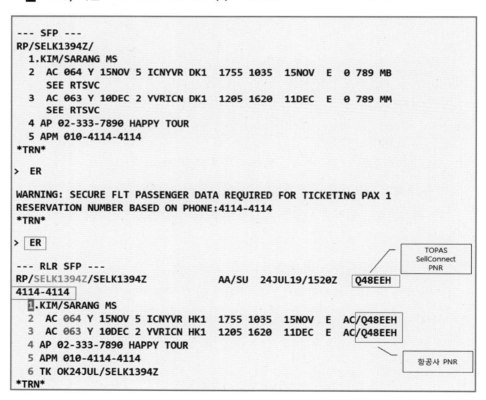

```
--- SFP ---
RP/SELK1394Z/
  1.KIM/SARANG MS
  2  AC 064 Y 15NOV 5 ICNYVR DK1  1755 1035  15NOV E  0 789 MB
     SEE RTSVC
  3  AC 063 Y 10DEC 2 YVRICN DK1  1205 1620  11DEC E  0 789 MM
     SEE RTSVC
  4 AP 02-333-7890 HAPPY TOUR
  5 APM 010-4114-4114
*TRN*

>  ER

WARNING: SECURE FLT PASSENGER DATA REQUIRED FOR TICKETING PAX 1
RESERVATION NUMBER BASED ON PHONE:4114-4114
*TRN*

>  ER

--- RLR SFP ---
RP/SELK1394Z/SELK1394Z        AA/SU  24JUL19/1520Z  Q48EEH
4114-4114
  1.KIM/SARANG MS
  2  AC 064 Y 15NOV 5 ICNYVR HK1  1755 1035  15NOV  E  AC/Q48EEH
  3  AC 063 Y 10DEC 2 YVRICN HK1  1205 1620  11DEC  E  AC/Q48EEH
  4 AP 02-333-7890 HAPPY TOUR
  5 APM 010-4114-4114
  6 TK OK24JUL/SELK1394Z
*TRN*
```

TOPAS SellConnect PNR

항공사 PNR

☞ 상기 응답 화면은 ET 후 예약번호를 조회한 것과 동일한 결과이다.

☞ Amadeus 사용 항공사의 경우 항공사 PNR과 TOPAS Sellconnect 의 알파벳 PNR이 동일하게 생성된다.

💬 PNR Status(KK/PN/WK/SC) 자동 정리 후 저장

지시어	ETK	여정 및 SR Status 자동 정리 & 저장
	ERK	여정 및 SR Status 자동 정리 & 저장 후 PNR 재 조회

 사례   기준 PNR

🖥 Entry 화면 – KI MINKYEDNG MS (1) – 17AUG – SEA – 2737-3703

```
--- TST RLR RLP SFP ---
RP/SELK133R4/SELK133R4          DL/RM  27JUL19/1452Z    VUP8ZP
2737-3703
 1.KI/MINKYEONG MS
 2  KE 019 M 17AUG 6 ICNSEA HK1  1640 1055  17AUG  E  KE/VUP8ZP
 3  DL5688 M 17AUG 6 SEASMF HK1  1315 1516  17AUG  E  DL/GQB43Z
    OPERATED BY SUBSIDIARY/FRANCHISE
 4  DL4134 U 05JUN 5 SMFSEA UN1  1016 1222  05JUN  E  DL/GQB43Z
    OPERATED BY SUBSIDIARY/FRANCHISE
 5  DL2300 U 05JUN 5 SMFSEA TK1  1016 1226  05JUN  E  DL/GQB43Z
 6  KE 020 U 05JUN 5 SEAICN HK1  1310 1640  06JUN  E  KE/VUP8ZP
 7  A KOREAN AIR 73-777 - T-GALLERY TOUR - A
 8  APM 010-8529-8780
 9  TK OK25JUL/SELK132A4//ETKE
10  SSR RQST KE HK1 ICNSEA/29GN,P1/S2   SEE RTSTR
11  SSR RQST DL HK1 SEASMF/12BN,P1/RS/RS/S3   SEE RTSTR
12  SSR RQST DL UN1 SMFSEA/12B,P1/RS/RS/S4   SEE RTSTR
13  SSR NSST DL KK1 SMFSEA/18B,P1/RS/RS/S5   SEE RTSTR
14  SSR RQST KE HK1 SEAICN/44DN,P1/S6   SEE RTSTR
```

지시어	ERK

💻 Entry 화면 – KI MINIKYEDNG MS (1) – 17AUG – SEA – 2737-3703

```
>  ERK

--- TST RLR RLP SFP ---
RP/SELK133R4/SELK133R4            AA/SU   29JUL19/0124Z    VUP8ZP
2737-3703
  1.KI/MINKYEONG MS
  2  KE 019 M 17AUG 6 ICNSEA HK1  1640 1055   17AUG  E  KE/VUP8ZP
  3  DL5688 M 17AUG 6 SEASMF HK1  1315 1516   17AUG  E  DL/GQB43Z
     OPERATED BY SUBSIDIARY/FRANCHISE
  4  DL2300 U 05JUN 5 SMFSEA HK1  1016 1226   05JUN  E  DL/GQB43Z
  5  KE 020 U 05JUN 5 SEAICN HK1  1310 1640   06JUN  E  KE/VUP8ZP
  6 AP SEL 02-7373-777 - T-GALLERY TOUR - A
  7 APM 010-8529-8780
  8 TK OK25JUL/SELK132A4//ETKE
  9 SSR RQST KE HK1 ICNSEA/29GN,P1/S2   SEE RTSTR
 10 SSR RQST DL HK1 SEASMF/12BN,P1/RS/RS/S3   SEE RTSTR
 11 SSR NSST DL HK1 SMFSEA/18B,P1/RS/RS/S4   SEE RTSTR
 12 SSR RQST KE HK1 SEAICN/44DN,P1/S5   SEE RTSTR
```

☞ 응답 Code인 UN/TK/KK가 상태 Code인 HK로 변경되었다.

2) PNR 작업 취소(Ignore Transaction)

지시어	IG	Ignore : 새로 진행 중인 PNR 작업 취소 후 종료
	IR	Ignore and Retrieve : 새로 진행 중인 내용 취소 후 PNR 재 조회

💻 Entry 화면 1

```
>  IG
IGNORED
```

2. 예약 기록(PNR)의 조회(Retrieve)

1) PNR 조회

완료되어 저장된 PNR은 승객의 모든 여정이 완료되기 전까지 언제든 조회가 가능하다.

💬 **PNR Address 이용 조회**

지시어	RT5777-6666 또는 RTQ7GPJS	
설명	RT	조회(Retrieve)의 기본 지시어
	5777-6666 또는 Q7GPJS	예약 번호(PNR Address)

🖥 **Entry 화면 – SONG JOONGGI MR (1) – 10JAN – CDG – 5777-6666**

```
>  RT5777-6666

--- RLR ---
RP/SELK1394Z/SELK1394Z          AA/SU  25JUL19/0457Z   Q7GPJS
5777-6666
 1.SONG/JOONGGI MR
 2  AF 267 Y 10JAN 5 ICNCDG HK1  0955 1420  10JAN  E  AF/Q7GPJS
 3  AF 264 Y 20JAN 1 CDGICN HK1  1310 0810  21JAN  E  AF/Q7GPJS
 4 AP 02-9999-8888 LUCKY TOUR
 5 APM 010-7777-6666
 6 TK OK25JUL/SELK1394Z
 7 OPW SELK1394Z-07AUG:1400/1C7/AF REQUIRES TICKET ON OR BEFORE
       08AUG:1400/S2-3
 8 OPC SELK1394Z-08AUG:1400/1C8/AF CANCELLATION DUE TO NO
       TICKET/S2-3
*TRN*
```

💬 승객 성명 이용 조회

✦ Full Name 입력

지시어	RT/SONG/JOONGGI → RT 5

🖥 Entry 화면 1

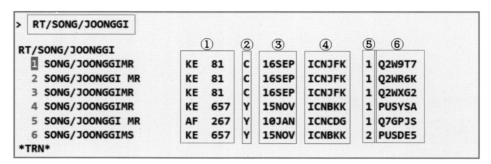

```
>  RT/SONG/JOONGGI

RT/SONG/JOONGGI
                          ①      ②   ③      ④       ⑤  ⑥
   1 SONG/JOONGGIMR      KE  81  C  16SEP  ICNJFK  1  Q2W9T7
   2 SONG/JOONGGI MR     KE  81  C  16SEP  ICNJFK  1  Q2WR6K
   3 SONG/JOONGGIMR      KE  81  C  16SEP  ICNJFK  1  Q2WXG2
   4 SONG/JOONGGIMR      KE 657  Y  15NOV  ICNBKK  1  PUSYSA
   5 SONG/JOONGGI MR     AF 267  Y  10JAN  ICNCDG  1  Q7GPJS
   6 SONG/JOONGGIMS      KE 657  Y  15NOV  ICNBKK  2  PUSDE5
*TRN*
```

🖥 Entry 화면 – SONG JOONGGI MR (1) – 10JAN – CDG – 5777-6666

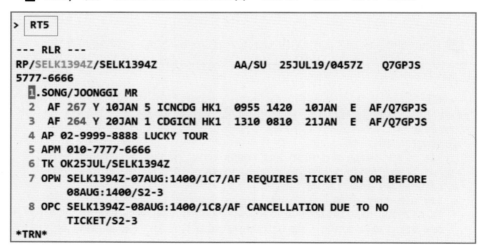

```
>  RT5

--- RLR ---
RP/SELK1394Z/SELK1394Z              AA/SU  25JUL19/0457Z   Q7GPJS
5777-6666
   1.SONG/JOONGGI MR
   2  AF 267 Y 10JAN 5 ICNCDG HK1  0955 1420   10JAN  E  AF/Q7GPJS
   3  AF 264 Y 20JAN 1 CDGICN HK1  1310 0810   21JAN  E  AF/Q7GPJS
   4 AP 02-9999-8888 LUCKY TOUR
   5 APM 010-7777-6666
   6 TK OK25JUL/SELK1394Z
   7 OPW SELK1394Z-07AUG:1400/1C7/AF REQUIRES TICKET ON OR BEFORE
        08AUG:1400/S2-3
   8 OPC SELK1394Z-08AUG:1400/1C8/AF CANCELLATION DUE TO NO
        TICKET/S2-3
*TRN*
```

① 예약된 첫 번째 여정 항공편명

② 예약된 첫 번째 여정 Booking Class

③ 예약된 첫 번째 여정 출발일

④ 예약된 첫 번째 여정 출발지/도착지

⑤ 예약된 승객 수

⑥ PNR Address

◉ 승객 성+Initial 이용 조회 : 승객의 전체 성명을 모르는 경우

지시어	RT/AHN/S → RT 1

🖥 Entry 화면 – AHN SOHEE MS (1) – 10JAN – CDG – 5777-6666

```
>  RT/AHN/S

RT/AHN/S
  1  AHN/SOHEE MS      AF   267  Y  10JAN  ICNCDG  1  Q7GPJS
  2  AHN/SUMINMS       KE   901  P  30SEP  ICNCDG  1  Q35CIR
  3  AHN/SUMINMS       CX   415  M  10NOV  ICNHKG  3  Q6Y4BM
  4  AHN/SUMINMS       KE   787  H  11NOV  ICNFUK  1  Q6LVO2
  5  AHN/SUMINMS       LH   713  B  01DEC  ICNFRA  1  Q6PLAK
  6  AHN/SUMINMS       AF  1845  Y  02DEC  SVOCDG  3  Q7LETE
  7  AHN/SUMINMS       PR   466  M  20JAN  MNLICN  1  Q6U8SG
  8  AHN/SUMINMS       AY    41  J  25JAN  HELICN  3  Q454FG
  9  AHN/SUMINMS       NO ACTIVE ITINERARY        Q6QVAM
 10  AHN/SUMINMS       NO ACTIVE ITINERARY        Q6VUYL
 11  AHN/SUMINNS       KL   856  L  22OCT  ICNAMS  2  Q7HC4C
*TRN*
```

💬 출발일 & 승객성명 이용 조회

지시어	RT/25DEC-SONG → RT 1

🖥 Entry 화면 – LEE YOUNGJAMS (1) – 30DEC – DAD – 0222-1236

```
>  RT/25DEC-SONG

RT/25DEC-SONG
  1 SONG/HYEGYOMS          KE  856  Y  25DEC  PEKICN   2 PUPS5H
  2 SONG/JOOEUNMISS        AF  264  Y  25DEC  CDGICN   3 Q7LWXU
  3 SONG/KANGHOMR          AF  264  Y  25DEC  CDGICN   3 Q7LWXU
  4 SONG/MYUNGWOO MR       KE  638  E  25DEC  HKTICN   1 OXW7JA
*TRN*
```

🖥 Entry 화면 – SONG HUEGYOMS (2) – 15NOV – PVG – 3123-1241

```
>  RT1

--- AXR RLR ---
RP/SELK1394Z/SELK1394Z              AA/SU  22JUL19/0111Z   PUPS5H
3123-1241
  1.SONG/HYEGYOMS    2.KANG/MOYEONMISS(CHD/05MAY13)
  3  KE 893 Y 15NOV 5 ICNPVG HK2  0835 0945  15NOV  E  KE/PUPS5H
  4  ARNK
  5  KE 856 Y 25DEC 3 PEKICN HK2  1415 1730  25DEC  E  KE/PUPS5H
  6 AP 02-123-1241-A
  7 AP 010-2341-2314-M/P1
  8 TK OK22JUL/SELK1394Z
```

💬 편명, 출발일, 승객성명 이용 조회

지시어	RTSU251/10DEC-SONG/KANGHO

🖥 Entry 화면 – SONG KANGHOMR (3) – I1DEC – SVO – 1838–0561

```
> RTSU251/10DEC-SONG/KANGHO

--- RLR ---
RP/SELK1394Z/SELK1394Z              AA/SU   25JUL19/0540Z   Q7LWXU
1838-0561
 1.SONG/KANGHOMR    2.KANG/SUJUNGMS
 3.SONG/JOOEUNMISS(CHD/20JAN16)
 4  SU 251 U 10DEC 2 ICNSVO HK3   1315 1655   10DEC  E   SU/HVOPCK
 5  AF1845 Y 20DEC 5 SVOCDG HK3   0650 0910   20DEC  E   AF/Q7LWXU
 6  AF 264 Y 25DEC 3 CDGICN HK3   1310 0810   26DEC  E   AF/Q7LWXU
 7 AP SEL 1566-0014 - TOPAS TRAINING UNIVERSITY - A
 8 APH 010-1234-5678
 9 TK OK25JUL/SELK1394Z
10 SSR CHLD SU HK1 20JAN16/P3
11 SSR CHLD AF HK1 20JAN16/P3
12 SSR CHML AF HK1 PBLEUE/S5/P3
13 SSR CHML AF HK1 PBLEUE/S6/P3
14 OPW SELK1394Z-07AUG:1500/1C7/AF REQUIRES TICKET ON OR BEFORE
        08AUG:1500/S5-6
15 OPC SELK1394Z-08AUG:1500/1C8/AF CANCELLATION DUE TO NO
        TICKET/S5-6
```

2) Element 항목별 조회

PNR 조회 후 업무 성격에 맞게 각 Element 항목별 조회가 가능하다. 단 PNR을 먼저 조회해야 한다.

◉ 여정 Element 조회

지시어	RTA

💻 Entry 화면 – O1FEB – LHR – 0123-4502

```
>  RTA

RP/SELK1394Z/SELK1394Z          AA/SU  25JUL19/0835Z   Q8BQCN
0123-4502
  5  KE 907 Y 01FEB 6 ICNLHR HK4  1300 1630   01FEB  E  KE/Q8BQCN
  6  KE 908 Y 07FEB 5 LHRICN HK4  1850 1450   08FEB  E  KE/Q8BQCN
*TRN*
```

◉ 연락처 Element 조회

지시어	RTJ

💻 Entry 화면 – Entry 화면 1

```
>  RTJ

RP/SELK1394Z/SELK1394Z          AA/SU  25JUL19/0851Z   Q8BQCN
0123-4502
  7  AP 032-123-4567 HAPPY TOUR
  8  APH 02-737-3777/P2
  9  APM 010-123-4567/P1
 10  APM 010-777-8888/P3
*TRN*
```

◉ 승객 성명 Element 조회

지시어	RTN

💻 Entry 화면 – KO JOONHEE MS (4) – 0123-4502

```
>  RTN

RP/SELK1394Z/SELK1394Z            AA/SU  25JUL19/0851Z   Q8BQCN
0123-4502
 1.KO/JOONHEE MS(INFKIM/HYANGKI MISS/05MAY19)
 2.NAM/JOOHYUK MR   3.SEO/KANGJOON MR
 4.SEO/HYOMIN MISS(CHD/22AUG16)
*TRN*
```

◉ 서비스 사항(Fact Element) 조회

지시어	RTG

💻 Entry 화면 – Entry 화면 1

```
>  RTG

RP/SELK1394Z/SELK1394Z            AA/SU  25JUL19/0851Z   Q8BQCN
0123-4502
 12 SSR INFT KE HK1 KIM/HYANGKIMISS 05MAY19/S5/P1
 13 SSR CHLD KE HK1 22AUG16/P4
 14 SSR INFT KE HK1 KIM/HYANGKIMISS 05MAY19/S6/P1
 15 SSR VGML KE HK1/S5/P2
 16 SSR VGML KE HK1/S6/P2
 17 SSR BBML KE HK1/S5/P1
 18 SSR BBML KE HK1/S6/P1
 19 SSR CHML KE HN1 1HAMBURGER/2HOT DOG/S5/P4
 20 SSR CHML KE HN1 1HAMBURGER/2HOT DOG/S6/P4
*TRN*
```

◉ Remarks Element 조회

지시어	RTR

🖥 Entry 화면 – Entry 화면 1

```
>  RTR

RP/SELK1394Z/SELK1394Z              AA/SU   25JUL19/0851Z    Q8BQCN
0123-4502
 23 RM B2 체크인 카운터 방문 요망
 24 RX EXCESS BAG CHARGE APPLIED
*TRN*
```

◉ 2개 이상 Element 조회

지시어	RTN, J	Element 결합 조회가 가능하며 (,)로 구분

🖥 Entry 화면 – Entry 화면 1

```
>  RTN,J

RP/SELK1394Z/SELK1394Z              AA/SU   25JUL19/0851Z    Q8BQCN
RTN,J
0123-4502
 1.KO/JOONHEE MS(INFKIM/HYANGKI MISS/05MAY19)
 2.NAM/JOOHYUK MR    3.SEO/KANGJOON MR
 4.SEO/HYOMIN MISS(CHD/22AUG16)
 7 AP 032-123-4567 HAPPY TOUR
 8 APH 02-737-3777/P2
 9 APM 010-123-4567/P1
10 APM 010-777-8888/P3
*TRN*
```

◉ 항목별 Element 조회 지시어

지시어	설명
RT	PNR 전체 Element 조회
RTA	여정만 조회
RTJ	전화번호만 조회
RTK	Ticket Arrangement 조회
RTN	승객 성명만 조회
RTO	OPW, OPC(발권 시한) 조회
RTR	Remarks 조회
RTW	Group PNR의 여정과 성명 조회
RTG	SK, SR, OS(Fact Element) 조회
RTF	Fare Element 조회
RTTN	항공권 번호 조회

3. PNR LIST 검색

특정 날짜와 특정 비행편을 지정하여 해당 여행사에서 작성한 모든 PNR을 검색할 수 있다.

지시어	LP/AC064/31AUG → LP 3

🖥 Entry 화면 – PARK BOKYUNG MS (1) –3957–6392

```
>  LP/AC064/31AUG

**PASSENGER NAME LIST**
LP/AC064/31AUG                    ①      ②   ③   ④
ICNYVR
001  01YOON/SUJOUNG MS     WRJVXC  N   HK  04JUL  SELK133R4
002  01CHO/HAEUN MS        LF4CLB  S   HK  22APR  SELK133R4
003  01CHO/MIRIA MS        KCF44J  K   HK  26APR  SELK133R4
004  01HWANG/SANGHYUK MR   SYWJQO  K   HX  31MAY  SELK133R4
END OF DISPLAY
```

① PNR Address

② 예약된 Booking Class

③ 여정 예약 상태(Status) : HK(확약됨), HX(확약되었던 여정 취소됨)

④ 예약 생성 날짜

🖥 Entry 화면 – CHO MIRIA MS (1) –31AUG – YVR – 9809–3281

```
>  LP3

--- TST RLR RLP SFP ---
RP/SELK133R4/SELK133R4            AA/SU  26JUL19/0622Z   KCF44J
9809-3281
  1.CHO/MIRIA MS
  2  AC 064 K 31AUG 6 ICNYVR HK1  1530 0920   31AUG  E  AC/MVHYIE
  3  AC 063 K 21DEC 6 YVRICN HK1  1200 1620   22DEC  E  AC/MVHYIE
  4 AP SEL 02-7373-777 - T-GALLERY TOUR - A
```

4. PNR 판독

💻 Entry 화면 - HAN MINJOK MR (3) - 20NOV - HKG - 2345-9999

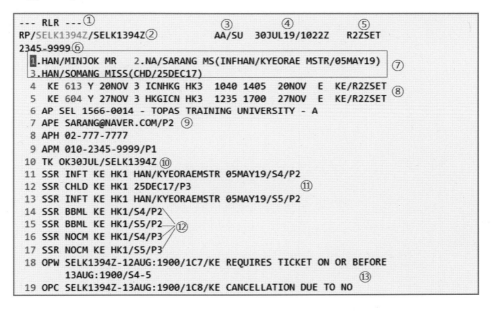

```
--- RLR ---①
RP/SELK1394Z/SELK1394Z②              ③AA/SU  ④30JUL19/1022Z  ⑤R2ZSET
2345-9999⑥
 1.HAN/MINJOK MR   2.NA/SARANG MS(INFHAN/KYEORAE MSTR/05MAY19)  ⑦
 3.HAN/SOMANG MISS(CHD/25DEC17)
 4  KE 613 Y 20NOV 3 ICNHKG HK3  1040 1405  20NOV  E  KE/R2ZSET
 5  KE 604 Y 27NOV 3 HKGICN HK3  1235 1700  27NOV  E  KE/R2ZSET ⑧
 6 AP SEL 1566-0014 - TOPAS TRAINING UNIVERSITY - A
 7 APE SARANG@NAVER.COM/P2  ⑨
 8 APH 02-777-7777
 9 APM 010-2345-9999/P1
10 TK OK30JUL/SELK1394Z ⑩
11 SSR INFT KE HK1 HAN/KYEORAEMSTR 05MAY19/S4/P2
12 SSR CHLD KE HK1 25DEC17/P3                      ⑪
13 SSR INFT KE HK1 HAN/KYEORAEMSTR 05MAY19/S5/P2
14 SSR BBML KE HK1/S4/P2
15 SSR BBML KE HK1/S5/P2   ⑫
16 SSR NOCM KE HK1/S4/P3
17 SSR NOCM KE HK1/S5/P3
18 OPW SELK1394Z-12AUG:1900/1C7/KE REQUIRES TICKET ON OR BEFORE
      13AUG:1900/S4-5
19 OPC SELK1394Z-13AUG:1900/1C8/KE CANCELLATION DUE TO NO ⑬
```

① PNR Header(RLR : Record Locator Return)

② 예약을 작성한 여행사의 Office ID

③ 예약을 작성한 Agent ID/Duty Sign

④ 예약 작성 또는 최종 업데이트한 날짜 및 시간알

⑤ 알파벳 형식 예약번호(PNR Address) : 항공사 예약번호

⑥ 숫자 형식 예약번호 : TOPAS SellConnect 예약번호

⑦ Name Element

⑧ Itinerary Element

⑨ Address & Phone Element

⑩ Ticket Arragement : TKOK -〉 즉시 발권할 PNR인 경우 표시되며 자동 입력된다.

⑪ SSR Element 중 유/소아 생년월일 Data

⑫ SSR Element 중 Special Meal 요청 사항(NOCM : No Child Meal)

⑬ OPW(Optional Warning Element), OPC(Optional Cancellation Element) : KE 항공 예약의 경우

발권시한과 예약 취소 경고 Element

☞ 타항공사의 경우에는 SSR을 통해 발권시한이 전송된다.

5. PNR History 조회

    작성된 PNR에 입력, 변경, 취소 된 Element 내역을 조회 및 확인할 수 있는 기능으로 내용뿐만 아니라 작성을 한 Agent 코드, 날짜 및 시간 확인도 가능하다.

1) PNR 내역 별 History 조회 지시어

지시어	설명
RHN	Name Element History 조회
RHJ	연락처 History 조회
RHI	Itinerary Element Histiry 조회
RH	Queue History를 제외한 전체 History 조회
RHQ	Queue History 조회
RH/ALL	Queue History를 포함한 전체 History 조회

2) PNR History Code

Element	최초(Origin)	추가(Added)	삭제(Cancel)
Name	ON	AN	CN
Address & Phone	OP	AP	CP
Itinerary	OS	AS	XS
SR	OR	SA	SX
Ticket Arrangement	OT	AT	XT
OPW/OPC	OQ	AO	XO
Remarks	KO	AR	XR
Received From		RF	
Split		SP	

3) PNR History 조회 사례

🖥 Entry 화면 – Entry 화면 1

```
>  RH

RP/SELK1394Z/SELK1394Z ①            AA/SU  30JUL19/1110Z   R2ZSET ②
    000 ON/HAN/MINJOK MR NA/SARANG MS(INFHAN/KYEORAE MSTR/
        05MAY19) HAN/SOMANG MISS(CHD/25DEC17)
    000 OS/KE 613 Y 20NOV 3 ICNHKG LK3 1040 1405/NN *1A/E*
    000 OS/KE 604 Y 27NOV 3 HKGICN LK3 1235 1700/NN *1A/E*
    000 OP/AP SEL 1566-0014 - TOPAS TRAINING UNIVERSITY - A
③   000 OP/APE SARANG@NAVER.COM/NA/SARANG MS(INFHAN/KYEORAE
        MSTR/05MAY19)
    000 OP/APH 02-777-7777
    000 OP/APM 010-2345-9999/HAN/MINJOK MR
    000 RO/RSVN/KE/2345-9999
    000 OT/TKOK 30JUL/SELK1394Z
    000 OR/SSR INFTKEHK1 HAN/KYEORAEMSTR 05MAY19/KE 613 Y 20NOV
        ICNHKG/NA/SARANG MS(INFHAN/KYEORAE MSTR/05MAY19)
```

```
    000/001 XS/KE 604 Y 27NOV 3 HKGICN HK3 1235 1700/NN *1A/E*
        001 AS/KE 612 Y 29NOV 5 HKGICN LK3 0205 0620/NN *1A/E*
    000/001 SX/SSR INFTKEHK1 HAN/KYEORAEMSTR 05MAY19/KE 604 Y 27NOV
            HKGICN/NA/SARANG MS(INFHAN/KYEORAE MSTR/05MAY19)
    000/001 SX/SSR BBMLKEHK1/KE 604 Y 27NOV HKGICN/NA/SARANG MS(
            INFHAN/KYEORAE MSTR/05MAY19)
④   000/001 SX/SSR NOCMKEHK1/KE 604 Y 27NOV HKGICN/HAN/SOMANG MISS(
            CHD/25DEC17)
    000/001 XO/OPW-12AUG:1900/1C7/KE REQUIRES TICKET ON OR BEFORE
            13AUG:1900/KE 613 Y 20NOV ICNHKG/KE 604 Y 27NOV HKGICN
    000/001 XO/OPC-13AUG:1900/1C8/KE CANCELLATION DUE TO NO TICKET/
            KE 613 Y 20NOV ICNHKG/KE 604 Y 27NOV HKGICN
        001 SA/SSR INFTKEHK1 HAN/KYEORAEMSTR 05MAY19/KE 612 Y 29NOV
```

```
    001/002 SX/SSR CHMLKEHN1 HOT DOG/KE 612 Y 29NOV HKGICN/HAN/
            SOMANG MISS(CHD/25DEC17)
        002 SA/SSR CHMLKEHN1 HAMBURGER/KE 612 Y 29NOV HKGICN/HAN/
            SOMANG MISS(CHD/25DEC17)
        002 RF-  CR-SELK1394Z 00039911 SU 1337AA 30JUL1110Z
        003 AR/RC SELK1394Z-W/NOSHOW CHRGE APPLIED AND INFMD
⑤       003 RF-  CR-SELK1394Z 00039911 SU 1303AA 31JUL0135Z
        004 AR/RM 아기 유모차 탑재 예정인지 확인 요망
        004 RF-  CR-SELK1394Z 00039911 SU 1303AA 31JUL0137Z          변경 작업한 날짜 및 시각
    004/005 XR/RM 아기 유모차 탑재 예정인지 확인 요망
        005 RF-  CR-SELK1394Z 00039911 SU 1303AA 31JUL0137Z
```

① 예약을 작성한 여행사 Office ID

② Agent ID/Duty code, PNR 작성일 및 시각, 예약번호

③ 000 : 최초 PNR 생성 시 입력 내용

④ 000/001 : 최초 입력했었던 Element 1번째 변경

　　001 : 최초 PNR 저장 후 Element 추가

⑤ 001/002 : 최초 PNR 작성 후 1번 변경했었던 Element 2번째 변경

　　002 : 최초 PNR 작성 후 2번의 End Transaction 후 Element 추가

　　004/005 : PNR의 4번째 변경 작업에서 추가한 내용 변경

　　※ 000/006 : 최초 입력한 내용을 6번째 작업에서 변경

예약기록(PNR)의 완료와 조회 지시어 정리

Chapter 5

1) PNR 완료 및 저장(End Of Transaction) 지시어

지시어	설명
ET	PNR 저장 후 작업 종료
ER	PNR 저장 후 PNR 재 조회
ETK/ERK	PNR Status 자동 정리 후 저장

2) PNR 작업 취소(Ignore Transaction) 지시어

지시어	설명
IG	새로 진행 중인 PNR 작업 취소 후 종료
IR	새로 진행 중인 내용 취소 후 PNR 재 조회

3) PNR 조회 지시어

지시어	설명
RT5777-6666 또는 RTQ7GPJS	PNR 번호 이용 조회
RT/SONG/JOONGGI → RT 5	승객 성명 이용 조회
RT/25DEC-SONG → RT 1	출발일 & 승객성명 이용 조회
RTSU251/10DEC-SONG/KANGHO	편명, 출발일, 승객성명 이용 조회

4) Element 항목별 조회

지시어	설명
RTA	여정 Element 조회
RTJ	연락처 Element 조회
RTN	승객 성명 Element 조회
RTG	서비스 사항(Fact Element) 조회
RTR	Remarks Element 조회
RTN, J	승객 성명, 연락처 Element 동시 조회

5) PNR LIST 검색

지시어	설명
LP/AC064/31AUG	8월 31일 AC064편에 해당 여행사에서 예약한 승객 List 조회

6) PNR 내역 별 History 조회 지시어

지시어	설명
RHN	Name Element History 조회
RHJ	연락처 History 조회
RHI 또는 RHA	Itinerary Element History 조회
RH	Queue History를 제외한 전체 History 조회
RHQ	Queue History 조회
RHG	SR History 조회
RHR	Remarks History 조회
RH/ALL	Queue History를 포함한 전체 History 조회

실전문제

Chapter 5

① PNR 번호를 모르는 경우, 출발일(07JUL)과 승객의 성(SONG)만으로 PNR을 조회할 수 있는 Entry를 기재하시오.

---

② 다음 PNR에 대한 설명으로 옳은 것을 고르시오.

```
--- RLR SFP ---
RP/SELK1394Z/SELK1394Z          AA/SU   3AUG19/1100Z   RPTC2T
4114-7836
 1.LEE/DAEBAK MR   2.KANG/BOKJI MS
 3  KE5019 Q 11NOV 1 ICNSEA HK2  1820 1129  11NOV  E  KE/RPTC2T
    OPERATED BY DELTA AIR LINES
 4  KE 020 Q 20DEC 5 SEAICN HL2  1030 1520  21DEC  E  KE/RPTC2T
 5 AP SEL 1566-0014 - TOPAS TRAINING UNIVERSITY - A
 6 APM 010-4114-7836/P2
 7 TK OK03AUG/SELK1394Z
 8 SSR SFML KE HN1/S3/P1
 9 OPW SELK1394Z-09AUG:1900/1C7/KE REQUIRES TICKET ON OR BEFORE
        10AUG:1900/S3
10 OPC SELK1394Z-10AUG:1900/1C8/KE CANCELLATION DUE TO NO
        TICKET/S3
```

① 발권 시한은 8월 9일 19:00로 이 시점까지 발권을 하지 않으면 여정이 자동 취소된다.

② 승객이 실제로 탑승하는 항공사는 모두 KE항공이다.

③ 왕복 전 여정의 좌석이 확약되었다.

④ 1번 승객은 인천-시애틀 구간에만 특별식인 해산물식을 신청하였다.

❸ 다음 PNR의 응답 코드(TK, UN)을 상태코드로 자동 정리 후 PNR을 재조회하는 간편 Entry를 기재하시오.

```
3   AC 064  T 07SEP 6 ICNYVR HK2   1525 0915   07SEP   E   AC/PY4SGA
4   AC 206  T 09SEP 1 YVRYYC TK2   0900 1126   09SEP   E   AC/PY4SGA
5   AC 322  T 10SEP 2 YYCYUL TK2   1840 0039   11SEP   E   AC/PY4SGA
6   ARNK
7   AC 316  T 11SEP 3 YYCYUL UN2   0615 1216   11SEP   E   AC/PY4SGA
8   AC 061  K 15SEP 7 YYZICN TK2   1335 1620   16SEP   E   AC/PY4SGA
```

❹ 다음 PNR조회 Entry중 틀린 것을 고르시오

① RT4114-7836

② RT/10DEC-PARK

③ RTLEE/DAEBAK

④ RTAC061/10SEP-SONG/KANGHO

❺ PNR을 Element 항목별로 조회 시 Entry와 설명으로 틀린 것을 고르시오.

① RTR : Remarks Element 조회

② RTI : 여정 Element 조회

③ RTN :승객 성명 Element 조회

④ RTN, J : 승객 성명, 연락처 Element 동시 조회

⑥ 8월 31일 KE651 항공편에 해당 여행사에서 예약한 승객 List를 조회하는 Entry를 기재하시오.

---

⑦ 다음의 PNR History 조회 내용에 대한 틀린 것을 고르시오.

```
000/006 CN/NA/SARANG MS(INFHAN/KYEORAE MSTR/05MAY19)
000/006 AN/NA/SARANG MS
000/006 SX/SSR INFTKEHK1 HAN/KYEORAEMSTR 05MAY19/KE 613 Y 20NOV
        ICNHKG/NA/SARANG MS(INFHAN/KYEORAE MSTR/05MAY19)
001/006 SX/SSR INFTKEHK1 HAN/KYEORAEMSTR 05MAY19/KE 612 Y 29NOV
        HKGICN/NA/SARANG MS(INFHAN/KYEORAE MSTR/05MAY19)
    006 RF-  CR-SELK1394Z 00039911 SU 1303AA 31JUL0410Z
    007 AP/APM 010-333-5555/NA/SARANG MS
    007 RF-  CR-SELK1394Z 00039911 SU 1303AA 31JUL0412Z
000/008 XT/TKOK 30JUL/SELK1394Z
    008 AT/TKTL 10NOV/1700/SELK1394Z
    008 RF-  CR-SELK1394Z 00039911 SU 1303AA 31JUL0414Z
```

① 7월 31일 GMT 시각 04:12에 NA/SARANG의 핸드폰 번호가 삭제되었다.

② 7월 31일 GMT 시각 04:10에 NA/SARANG의 동반 유아 성명이 삭제되었다.

③ 7월 31일 GMT 시각 04:10에 유아 SSR사항이 삭제되었다.

④ 7월 31일 GMT 시각 04:12에 발권시한이 11월10일 17:00로 입력되었다.

⑧ PNR History Code에 대한 설명이 틀린 것으로 고르시오.

① AN : Name 추가

② SP : PNR분리(Split)

③ XS : SR 요청사항 삭제

④ RF : 요청자(Received From)

⑨ 새로 진행 중인 내용 취소 후 PNR을 재 조회하는 Entry를 기재하시오.

---

⑩ PNR History 조회 시 Queue History를 포함한 전체 History 조회하는 Entry를 기재
하시오.

6
Chapter

PNR
작성의 확장

1. 예약 기록(PNR) 분리(Split)

1) PNR Split의 정의

완성된 PNR에서 전체가 아닌 일부 구성원의 여정이 추가, 취소, 변경되는 경우에는 변경되는 구성원의 PNR만 따로 분리해서 처리해야 한다. 이때 원래의 PNR에서 변경되는 구성원의 PNR을 분리해서 별도의 PNR로 저장하는 작업을 Split이라고 한다.

2) PNR Split의 특성

○ Split 시 지정 승객에게 연결(Relation)되어 있는 연락처 Element나 서비스 Element는 해당되는 승객의 PNR을 따라 저장된다.

○ PNR을 Split하게 되면 기존의 PNR에서 분리된 새로운 PNR이 생성되는데, 이때 기존의 PNR을 Parent PNR이라고 하고 새로 생성된 PNR을 Associate PNR이라고 한다.

○ PNR Split(분리) 과정에서도 여정 추가, 취소, 변경을 할 수 있고, Split(분리) 및 저장 후 Associate PNR을 재조회해서 여정 추가, 취소, 변경을 할 수 있다.

○ PNR Split(분리) 및 저장 후 분리된 양쪽 PNR의 Header에는 ---AXR RLR--- 이 생성되며 RTAXR 지시어로 AXR(Associated Cross Reference) PNR 확인이 가능하다.

3) PNR Split 지시어

지시어	PNR 조회 → SP2 → EF → EF → ET → ET	
설명	SP2	2번 승객 분리(Split) 기본 지시어
	EF → EF	분리된 Associate PNR 저장
	ET → ET	Parent PNR 저장

※ PNR 분리(Split) 기본 지시어 형식

설명	SP1	1번 승객 분리(Split)
	SP1-2	여러 명의 승객 중에서 1-2번 승객 분리
	SP1, 3-5	여러 명의 승객 중에서 1번, 3-5번 승객 분리

(1) PNR Split 실행

💬 기준 PNR

🖥 Entry 화면 – KIM YEONA MS(2) –01JAN – HKT – 5555-7778

```
--- RLR ---
RP/SELK1394Z/SELK1394Z          AA/SU  28JUL19/1141Z   QPY2VK
5555-7778
 1.KIM/YEONA MS   2.LEE/SEUNGKI MR
 3  KE 637 Y 01JAN 3 ICNHKT HK2  1840 2315  01JAN  E  KE/QPY2VK
 4  KE 638 Y 15JAN 3 HKTICN HK2  0100 0845  15JAN  E  KE/QPY2VK
 5 AP SEL 1566-0014 - TOPAS TRAINING UNIVERSITY - A
 6 APM 010-5555-7777/P1
 7 APM 010-6666-8888/P2
 8 TK OK28JUL/SELK1394Z
 9 SSR VGML KE HK1/S3/P1
10 SSR VGML KE HK1/S4/P1
11 SSR SFML KE HK1/S3/P2
12 SSR SFML KE HK1/S4/P2
13 OPW SELK1394Z-09AUG:1900/1C7/KE REQUIRES TICKET ON OR BEFORE
      11AUG:1900/S3-4
14 OPC SELK1394Z-11AUG:1900/1C8/KE CANCELLATION DUE TO NO
      TICKET/S3-4
```

 사례 상기 예약에서 2번 승객 LEE/SEUNGKI씨가 돌아오는 복편 여정에 대해 1월 10일로 변경을 원하는 경우

PNR Split(분리) 하기

지시어	SP2

🖥 Entry 화면 – LEE SEUNGKI MR (1) – 01JAN – HKT – XXXXXX

```
>SP2

--- RLR ---
-ASSOCIATE PNR-
RP/SELK1394Z/SELK1394Z            AA/SU  28JUL19/1141Z   XXXXXX
 1.LEE/SEUNGKI MR
 2  KE 637 Y 01JAN 3 ICNHKT HK1  1840 2315  01JAN  E  KE/QPY2VK
 3  KE 638 Y 15JAN 3 HKTICN HK1  0100 0845  15JAN  E  KE/QPY2VK
 4 AP SEL 1566-0014 - TOPAS TRAINING UNIVERSITY - A
 5 APM 010-6666-8888
 6 TK OK28JUL/SELK1394Z
 7 SSR SFML KE HK1/S2
 8 SSR SFML KE HK1/S3
 9 OPW SELK1394Z-09AUG:1900/1C7/KE REQUIRES TICKET ON OR BEFORE
        11AUG:1900/S2-3
10 OPC SELK1394Z-11AUG:1900/1C8/KE CANCELLATION DUE TO NO
        TICKET/S2-3
 * SP 28JUL/AASU/SELK1394Z-QPY2VK
```

지시어	EF → EF

🖥 Entry 화면 – KIM YEONA MS (1) – 01JAN – HKT – 5555-7778

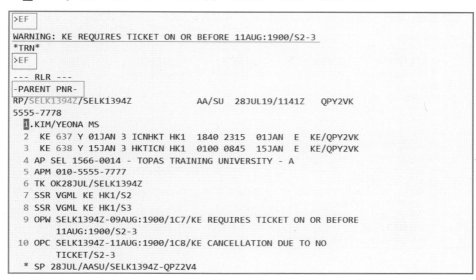

```
>EF
WARNING: KE REQUIRES TICKET ON OR BEFORE 11AUG:1900/S2-3
*TRN*
>EF
--- RLR ---
-PARENT PNR-
RP/SELK1394Z/SELK1394Z            AA/SU  28JUL19/1141Z   QPY2VK
5555-7778
  1.KIM/YEONA MS
  2  KE 637 Y 01JAN 3 ICNHKT HK1  1840 2315  01JAN  E  KE/QPY2VK
  3  KE 638 Y 15JAN 3 HKTICN HK1  0100 0845  15JAN  E  KE/QPY2VK
  4 AP SEL 1566-0014 - TOPAS TRAINING UNIVERSITY - A
  5 APM 010-5555-7777
  6 TK OK28JUL/SELK1394Z
  7 SSR VGML KE HK1/S2
  8 SSR VGML KE HK1/S3
  9 OPW SELK1394Z-09AUG:1900/1C7/KE REQUIRES TICKET ON OR BEFORE
       11AUG:1900/S2-3
 10 OPC SELK1394Z-11AUG:1900/1C8/KE CANCELLATION DUE TO NO
       TICKET/S2-3
  * SP 28JUL/AASU/SELK1394Z-QPZ2V4
```

지시어	ET → ET

🖥 Entry 화면 – KIM YEONA MS (1) – 01JAN – HKT – 5555-7778

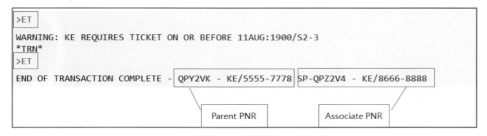

```
>ET
WARNING: KE REQUIRES TICKET ON OR BEFORE 11AUG:1900/S2-3
*TRN*
>ET
END OF TRANSACTION COMPLETE - QPY2VK - KE/5555-7778 SP-QPZ2V4 - KE/8666-8888
```

Parent PNR   Associate PNR

💬 분리된 PNR 변경하기

지시어	RT 8666-8888

🖥 Entry 화면 – LEE SEUNGKI MR (1) – 01JAN – HKT – 8666-8888

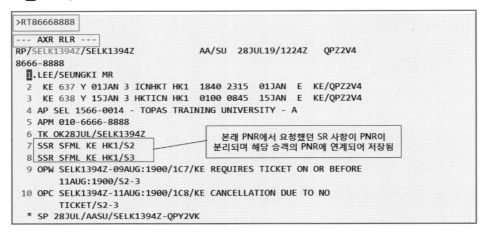

```
>RT86668888

--- AXR RLR ---
RP/SELK1394Z/SELK1394Z              AA/SU  28JUL19/1224Z   QPZ2V4
8666-8888
  1.LEE/SEUNGKI MR
  2  KE 637 Y 01JAN 3 ICNHKT HK1  1840 2315  01JAN  E  KE/QPZ2V4
  3  KE 638 Y 15JAN 3 HKTICN HK1  0100 0845  15JAN  E  KE/QPZ2V4
  4 AP SEL 1566-0014 - TOPAS TRAINING UNIVERSITY - A
  5 APM 010-6666-8888
  6 TK OK28JUL/SELK1394Z
  7 SSR SFML KE HK1/S2
  8 SSR SFML KE HK1/S3
  9 OPW SELK1394Z-09AUG:1900/1C7/KE REQUIRES TICKET ON OR BEFORE
       11AUG:1900/S2-3
 10 OPC SELK1394Z-11AUG:1900/1C8/KE CANCELLATION DUE TO NO
       TICKET/S2-3
  * SP 28JUL/AASU/SELK1394Z-QPY2VK
```

본래 PNR에서 요청했던 SR 사항이 PNR이
분리되며 해당 승객의 PNR에 연계되어 저장됨

지시어	SB 10JAN 3

🖥 Entry 화면 – LEE SEUNGKI MR (1) – 01JAN – HKT – 8666-8888

```
>SB 10JAN 3

ASSOCIATED SSR REMOVED - ALL SSR REBOOKED
--- AXR RLR ---
RP/SELK1394Z/SELK1394Z              AA/SU  28JUL19/1224Z   QPZ2V4
8666-8888
  1.LEE/SEUNGKI MR
  2  KE 637 Y 01JAN 3 ICNHKT HK1  1840 2315  01JAN  E  KE/QPZ2V4
  3  KE 638 Y 10JAN 5 HKTICN DK1  0100 0845  10JAN  E  0 77W B
     SEE RTSVC
  4 AP SEL 1566-0014 - TOPAS TRAINING UNIVERSITY - A
  5 APM 010-6666-8888
  6 TK OK28JUL/SELK1394Z
  7 SSR SFML KE HK1/S2
  8 SSR SFML KE HK1/S3
  9 OPW SELK1394Z-09AUG:1900/1C7/KE REQUIRES TICKET ON OR BEFORE
       11AUG:1900/S2
 10 OPC SELK1394Z-11AUG:1900/1C8/KE CANCELLATION DUE TO NO
       TICKET/S2
  * SP 28JUL/AASU/SELK1394Z-QPY2VK
```

지시어	ET → ET

🖥 Entry 화면 – LEE SEUNGKI MR (1) – 01JAN – HKT – 8666-8888

```
>ET

WARNING: KE REQUIRES TICKET ON OR BEFORE 11AUG:1900/S2-3
*TRN*
>ET

END OF TRANSACTION COMPLETE - QPZ2V4 - KE/8666-8888
```

💬 Split PNR 확인하기

지시어	RT 8666-8888

🖥 Entry 화면 – LEE SEUNGKI MR (1) – 01JAN – HKT – 8666-8888

```
>RT8666-8888

--- AXR RLR ---
RP/SELK1394Z/SELK1394Z              AA/SU  28JUL19/1331Z    QPZ2V4
8666-8888
  1.LEE/SEUNGKI MR
  2   KE 637 Y 01JAN 3 ICNHKT HK1  1840 2315  01JAN  E  KE/QPZ2V4
  3   KE 638 Y 10JAN 5 HKTICN HK1  0100 0845  10JAN  E  KE/QPZ2V4
  4 AP SEL 1566-0014 - TOPAS TRAINING UNIVERSITY - A
  5 APM 010-6666-8888
  6 TK OK28JUL/SELK1394Z
  7 SSR SFML KE HK1/S2
  8 SSR SFML KE HK1/S3
  9 OPW SELK1394Z-09AUG:1900/1C7/KE REQUIRES TICKET ON OR BEFORE
        11AUG:1900/S2-3
 10 OPC SELK1394Z-11AUG:1900/1C8/KE CANCELLATION DUE TO NO
        TICKET/S2-3
  * SP 28JUL/AASU/SELK1394Z-QPY2VK
```

지시어   RTAXR

💻 Entry 화면 – LEE SEUNGKI MR (1) – 01JAN – HKT – 8666–8888

```
>RTAXR

  AXR FOR PNR:                          QPZ2V4   28JUL 2252
  1.KIM/YEONA MS  1      QPY2VK        연결된 Parent PNR
  2.LEE/SEUNGKI - 1        *          현재 Display 되어 있는 PNR
```

지시어   RT1

💻 Entry 화면 – KIM YEONA MS (1) – 01JAN – HKT – 5555–7778

```
>RT1

--- AXR RLR ---
RP/SELK1394Z/SELK1394Z              AA/SU  28JUL19/1224Z   QPY2VK
5555-7778
 1.KIM/YEONA MS
 2  KE 637 Y 01JAN 3 ICNHKT HK1  1840 2315  01JAN  E  KE/QPY2VK
 3  KE 638 Y 15JAN 3 HKTICN HK1  0100 0845  15JAN  E  KE/QPY2VK
 4 AP SEL 1566-0014 - TOPAS TRAINING UNIVERSITY - A
 5 APM 010-5555-7777
 6 TK OK28JUL/SELK1394Z
 7 SSR VGML KE HK1/S2
 8 SSR VGML KE HK1/S3
 9 OPW SELK1394Z-09AUG:1900/1C7/KE REQUIRES TICKET ON OR BEFORE
       11AUG:1900/S2-3
10 OPC SELK1394Z-11AUG:1900/1C8/KE CANCELLATION DUE TO NO
       TICKET/S2-3
 * SP 28JUL/AASU/SELK1394Z-QPZ2V4
```

2. Copying PNRs

1) PNR Copy

이미 작성된 PNR Data(성명, 여정, 연락처, 서비스 사항 등)를 전체 또는 부분적으로 Copy 하여 새로운 PNR 작성 시 활용하는 편리한 기능이다.

2) Data 별 Copying

💬 기준 PNR

🖥 Entry 화면 – JOO JINMO MR (1) – 20NOV – SIN – 0123-4504

```
--- RLR ---
RP/SELK1394Z/SELK1394Z          AA/SU  28JUL19/1506Z    QQR3QI
0123-4504
  1.JOO/JINMO MR
  2  SQ 611 Y 20NOV 3 ICNSIN HK1  1240 1825  20NOV  E  SQ/QQR3QI
  3  SQ 608 Y 25NOV 1 SINICN HK1  0010 0735  25NOV  E  SQ/QQR3QI
  4 AP SEL 1566-0014 - TOPAS TRAINING UNIVERSITY - A
  5 APE JINMO@NAVER.COM
  6 APH 02-345-7890
  7 APM 010-123-4567
  8 TK OK28JUL/SELK1394Z
```

지시어	RRI	여정만 Copy

🖥 Entry 화면 – 20NOV – SIN [1]

```
>RRI

-ENDED QQR3QI- ◁─────  원래 PNR은 자동 Ended(종료)
RP/SELK1394Z/
  1  SQ 611 Y 20NOV 3 ICNSIN DK1  1240 1825  20NOV  E  0 77W M
     SEE RTSVC
  2  SQ 608 Y 25NOV 1 SINICN DK1  0010 0735  25NOV  E  0 787 M
     SEE RTSVC
```

지시어	RRN	여정 & 연락처 정보 COPY

🖥 Entry 화면 – 20NOV – SIN [1]

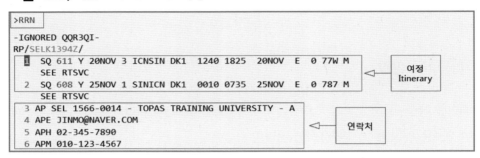

```
>RRN
-IGNORED QQR3QI-
RP/SELK1394Z/
 1  SQ 611 Y 20NOV 3 ICNSIN DK1  1240 1825   20NOV  E  0 77W M
    SEE RTSVC
 2  SQ 608 Y 25NOV 1 SINICN DK1  0010 0735   25NOV  E  0 787 M
    SEE RTSVC
 3 AP SEL 1566-0014 - TOPAS TRAINING UNIVERSITY - A
 4 APE JINMO@NAVER.COM
 5 APH 02-345-7890
 6 APM 010-123-4567
```

여정
Itinerary

연락처

지시어	RRP	성명 & 연락처 정보 Copy

🖥 Entry 화면 – JOO JINMO MR (1) [1]

```
>RRP
-IGNORED QQR3QI-
RP/SELK1394Z/
 1.JOO/JINMO MR
 2 AP SEL 1566-0014 - TOPAS TRAINING UNIVERSITY - A
 3 APE JINMO@NAVER.COM
 4 APH 02-345-7890
 5 APM 010-123-4567
```

지시어	RRA	여정 & 연락처 정보 and 본래 PNR과 새로운 PNR간의 AXR Record 생성

📺 Entry 화면 – 20NOV – SIN [1]

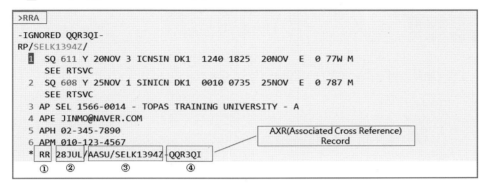

```
>RRA

-IGNORED QQR3QI-
RP/SELK1394Z/
  1  SQ 611 Y 20NOV 3 ICNSIN DK1  1240 1825  20NOV  E  0 77W M
     SEE RTSVC
  2  SQ 608 Y 25NOV 1 SINICN DK1  0010 0735  25NOV  E  0 787 M
     SEE RTSVC
  3 AP SEL 1566-0014 - TOPAS TRAINING UNIVERSITY - A
  4 APE JINMO@NAVER.COM
  5 APH 02-345-7890
  6 APM 010-123-4567                     ┌──────────────────────────────┐
  * RR 28JUL/AASU/SELK1394Z-QQR3QI       │ AXR(Associated Cross Reference)│
     ①  ②    ③          ④               │          Record               │
                                         └──────────────────────────────┘
```

① RR : Copy PNR임을 나타냄   ② Copy 실행 날짜

③ Copy 작업한 직원과 여행사 Office ID   ④ Copy를 진행한 Original PNR

3) Copying PNR 사례

💬 기준 PNR

📺 Entry 화면 – KIM YOOJUNG MS (5) 05NOV –FRA – 2345-7890

```
>  ER

--- RLR ---
RP/SELK1394Z/SELK1394Z           AA/SU  29JUL19/0728Z   QUM6KS
2345-7890
  1.KIM/YOOJUNG MS   2.KIM/SOOHYUN MR   3.KONG/YOO MR
  4.KIM/GOEUN MS   5.LEE/HANI MS
  6  KE 905 Y 05NOV 2 ICNFRA HK5  1320 1730  05NOV  E  KE/QUM6KS
  7  KE 932 Y 12NOV 2 FCOICN HK5  2215 1700  13NOV  E  KE/QUM6KS
  8 AP SEL 1566-0014 - TOPAS TRAINING UNIVERSITY - A
  9 APM 010-2345-7890/P2
 10 APM 010-3333-7777/P3
 11 TK OK29JUL/SELK1394Z
 12 OPW SELK1394Z-09AUG:1900/1C7/KE REQUIRES TICKET ON OR BEFORE
        12AUG:1900/S6-7
 13 OPC SELK1394Z-12AUG:1900/1C8/KE CANCELLATION DUE TO NO
        TICKET/S6-7
```

 사례 1 지정 승객 PNR Copy

지시어	RRN/ P1,3	1,3번 승객 PNR Copy

🖥 Entry 화면 – KIM YOOJUNG MS (2) – 05NOV – FRA [1]

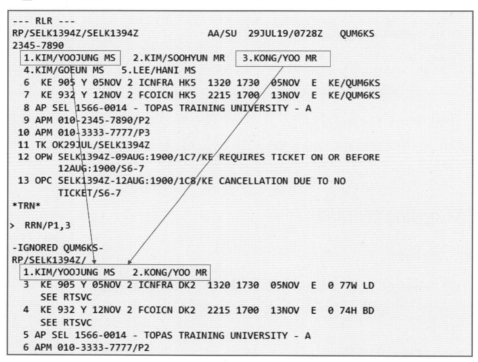

```
--- RLR ---
RP/SELK1394Z/SELK1394Z            AA/SU  29JUL19/0728Z   QUM6KS
2345-7890
 1.KIM/YOOJUNG MS    2.KIM/SOOHYUN MR   3.KONG/YOO MR
 4.KIM/GOEUN MS   5.LEE/HANI MS
 6  KE 905 Y 05NOV 2 ICNFRA HK5  1320 1730  05NOV  E   KE/QUM6KS
 7  KE 932 Y 12NOV 2 FCOICN HK5  2215 1700  13NOV  E   KE/QUM6KS
 8 AP SEL 1566-0014 - TOPAS TRAINING UNIVERSITY - A
 9 APM 010-2345-7890/P2
10 APM 010-3333-7777/P3
11 TK OK29JUL/SELK1394Z
12 OPW SELK1394Z-09AUG:1900/1C7/KE REQUIRES TICKET ON OR BEFORE
        12AUG:1900/S6-7
13 OPC SELK1394Z-12AUG:1900/1C8/KE CANCELLATION DUE TO NO
        TICKET/S6-7
*TRN*
> RRN/P1,3

-IGNORED QUM6KS-
RP/SELK1394Z/
 1.KIM/YOOJUNG MS    2.KONG/YOO MR
 3  KE 905 Y 05NOV 2 ICNFRA DK2  1320 1730  05NOV  E  0 77W LD
    SEE RTSVC
 4  KE 932 Y 12NOV 2 FCOICN DK2  2215 1700  13NOV  E  0 74H BD
    SEE RTSVC
 5 AP SEL 1566-0014 - TOPAS TRAINING UNIVERSITY - A
 6 APM 010-3333-7777/P2
```

사례 2　　좌석 수를 변경하여 PNR Copy

지시어	RRI/3	좌석 수를 3개로 변경하여 여정 Copy

Entry 화면 – 05NOV – FRA [1]

```
--- RLR ---
RP/SELK1394Z/SELK1394Z          AA/SU  29JUL19/0728Z   QUM6KS
2345-7890
  1.KIM/YOOJUNG MS   2.KIM/SOOHYUN MR   3.KONG/YOO MR
  4.KIM/GOEUN MS   5.LEE/HANI MS
  6  KE 905 Y 05NOV 2 ICNFRA HK5  1320 1730  05NOV  E  KE/QUM6KS
  7  KE 932 Y 12NOV 2 FCOICN HK5  2215 1700  13NOV  E  KE/QUM6KS
  8 AP SEL 1566-0014 - TOPAS TRAINING UNIVERSITY - A
  9 APM 010-2345-7890/P2
 10 APM 010-3333-7777/P3
 11 TK OK29JUL/SELK1394Z
 12 OPW SELK1394Z-09AUG:1900/1C7/KE REQUIRES TICKET ON OR BEFORE
        12AUG:1900/S6-7
 13 OPC SELK1394Z-12AUG:1900/1C8/KE CANCELLATION DUE TO NO
        TICKET/S6-7
*TRN*
> RRI/3

-IGNORED QUM6KS-
RP/SELK1394Z/
  1  KE 905 Y 05NOV 2 ICNFRA DK3  1320 1730  05NOV  E  0 77W LD
     SEE RTSVC
  2  KE 932 Y 12NOV 2 FCOICN DK3  2215 1700  13NOV  E  0 74H BD
     SEE RTSVC
```

 사례 3   Booking Class를 변경하여 PNR Copy

지시어	RRN/CM	Booking Class를 M으로 변경하여 여정 Copy
설명	CM	C : Class, M : Booing Class M Class

🖥 Entry 화면 – 05NOV – FRA [1]

```
--- RLR ---
RP/SELK1394Z/SELK1394Z              AA/SU  29JUL19/0728Z    QUM6KS
2345-7890
  1.KIM/YOOJUNG MS   2.KIM/SOOHYUN MR    3.KONG/YOO MR
  4.KIM/GOEUN MS   5.LEE/HANI MS
  6  KE 905 Y 05NOV 2 ICNFRA HK5  1320 1730  05NOV  E  KE/QUM6KS
  7  KE 932 Y 12NOV 2 FCOICN HK5  2215 1700  13NOV  E  KE/QUM6KS
  8 AP SEL 1566-0014 - TOPAS TRAINING UNIVERSITY - A
  9 APM 010-2345-7890/P2
 10 APM 010-3333-7777/P3
 11 TK OK29JUL/SELK1394Z
 12 OPW SELK1394Z-09AUG:1900/1C7/KE REQUIRES TICKET ON OR BEFORE
        12AUG:1900/S6-7
 13 OPC SELK1394Z-12AUG:1900/1C8/KE CANCELLATION DUE TO NO
        TICKET/S6-7
*TRN*
>  RRN/CM

-IGNORED QUM6KS-
RP/SELK1394Z/
  1  KE 905 M 05NOV 2 ICNFRA DK5  1320 1730  05NOV  E  0 77W LD
     SEE RTSVC
  2  KE 932 M 12NOV 2 FCOICN DK5  2215 1700  13NOV  E  0 74H BD
     SEE RTSVC
  3 AP SEL 1566-0014 - TOPAS TRAINING UNIVERSITY - A
```

사례 4   Segment 지정하여 PNR Copy

지시어	RRN/S6	여정 중 6번 Segment만 지정해서 PNR Copy

🖳 Entry 화면 – 05NOV – FRA [1]

```
--- RLR ---
RP/SELK1394Z/SELK1394Z          AA/SU  29JUL19/0728Z   QUM6KS
2345-7890
 1.KIM/YOOJUNG MS   2.KIM/SOOHYUN MR   3.KONG/YOO MR
 4.KIM/GOEUN MS   5.LEE/HANI MS
 6  KE 905 Y 05NOV 2 ICNFRA HK5  1320 1730  05NOV  E  KE/QUM6KS
 7  KE 932 Y 12NOV 2 FCOICN HK5  2215 1700  13NOV  E  KE/QUM6KS
 8 AP SEL 1566-0014 - TOPAS TRAINING UNIVERSITY - A
 9 APM 010-2345-7890/P2
10 APM 010-3333-7777/P3
11 TK OK29JUL/SELK1394Z
12 OPW SELK1394Z-09AUG:1900/1C7/KE REQUIRES TICKET ON OR BEFORE
      12AUG:1900/S6-7
13 OPC SELK1394Z-12AUG:1900/1C8/KE CANCELLATION DUE TO NO
      TICKET/S6-7
*TRN*

>  RRN/S6

-IGNORED QUM6KS-
RP/SELK1394Z/
 1  KE 905 Y 05NOV 2 ICNFRA DK5  1320 1730  05NOV  E  0 77W LD
    SEE RTSVC
 2 AP SEL 1566-0014 - TOPAS TRAINING UNIVERSITY - A
```

 사례 5 | 지정 Segment의 Booking Class를 변경하여 PNR Copy

지시어	RRN/S7CE	7번 여정의 Booking Class를 E Class로 변경하여 PNR Copy

🖥 Entry 화면 – 05NOV – FRA [1]

```
--- RLR ---
RP/SELK1394Z/SELK1394Z          AA/SU  29JUL19/0728Z   QUM6KS
2345-7890
  1.KIM/YOOJUNG MS    2.KIM/SOOHYUN MR   3.KONG/YOO MR
  4.KIM/GOEUN MS   5.LEE/HANI MS
  6  KE 905 Y 05NOV 2 ICNFRA HK5  1320 1730  05NOV  E  KE/QUM6KS
  7  KE 932 Y 12NOV 2 FCOICN HK5  2215 1700  13NOV  E  KE/QUM6KS
  8 AP SEL 1566-0014 - TOPAS TRAINING UNIVERSITY - A
  9 APM 010-2345-7890/P2
 10 APM 010-3333-7777/P3
 11 TK OK29JUL/SELK1394Z
 12 OPW SELK1394Z-09AUG:1900/1C7/KE REQUIRES TICKET ON OR BEFORE
        12AUG:1900/S6-7
 13 OPC SELK1394Z-12AUG:1900/1C8/KE CANCELLATION DUE TO NO
        TICKET/S6-7
*TRN*
> RRN/S7CE

-IGNORED QUM6KS-
RP/SELK1394Z/
  1  KE 905 Y 05NOV 2 ICNFRA DK5  1320 1730  05NOV  E  0 77W LD
     SEE RTSVC
  2  KE 932 E 12NOV 2 FCOICN DK5  2215 1700  13NOV  E  0 74H BD
     SEE RTSVC
  3 AP SEL 1566-0014 - TOPAS TRAINING UNIVERSITY - A
```

사례 6 지정 Segment의 날짜를 변경하여 PNR Copy

지시어	RRN/S6D03NOV	여정 중 6번 Segment의 날짜를 11월 3일로 변경해서 PNR Copy

Entry 화면 – 03NOV – FRA [1]

```
--- RLR ---
RP/SELK1394Z/SELK1394Z            AA/SU  29JUL19/0728Z   QUM6KS
2345-7890
  1.KIM/YOOJUNG MS   2.KIM/SOOHYUN MR   3.KONG/YOO MR
  4.KIM/GOEUN MS    5.LEE/HANI MS
  6  KE 905 Y 05NOV 2 ICNFRA HK5  1320 1730  05NOV  E  KE/QUM6KS
  7  KE 932 Y 12NOV 2 FCOICN HK5  2215 1700  13NOV  E  KE/QUM6KS
  8 AP SEL 1566-0014 - TOPAS TRAINING UNIVERSITY - A
  9 APM 010-2345-7890/P2
 10 APM 010-3333-7777/P3
 11 TK OK29JUL/SELK1394Z
 12 OPW SELK1394Z-09AUG:1900/1C7/KE REQUIRES TICKET ON OR BEFORE
        12AUG:1900/S6-7
 13 OPC SELK1394Z-12AUG:1900/1C8/KE CANCELLATION DUE TO NO
        TICKET/S6-7
*TRN*
> RRN/S6D03NOV

-IGNORED QUM6KS-
RP/SELK1394Z/
  1  KE 905 Y 03NOV 7 ICNFRA DK5  1320 1730  03NOV  E  0 77W LD
     SEE RTSVC
  2  KE 932 Y 12NOV 2 FCOICN DK5  2215 1700  13NOV  E  0 74H BD
     SEE RTSVC
  3 AP SEL 1566-0014 - TOPAS TRAINING UNIVERSITY - A
```

3. NHP(Non Homogeneous PNRs) 작성

1) NHP(Non Homogeneous PNRs)의 기능

PNR 작성 시 특정 구간에 대해 예약된 전체 승객이 아닌 일부 승객만 이용하는 경우 사용할 수 있는 기능으로 여정 중 일부 구간에 대해 승객의 숫자와 여정의 좌석 숫자가 불일치한 상태로 PNR을 작업할 수 있다. PNR 완성 후에는 Split의 경우와 마찬가지로 해당 승객의 PNR이 각각 별도로 분리되어 저장된다.

2) NHP(Non Homogeneous PNRs)의 특징

PNR 작성 중에는 PNR Header에 *** NHP *** 라고 표시되며, PNR 작성 완료 후에는 각각의 PNR Header에 --- AXR RLR --- 이 표시된다.

'RTAXR' 지시어를 사용하여 연결된(Associated Cross Reference) PNR을 확인할 수 있다.

3) NHP(Non Homogeneous PNRs)의 작성

 사례

승객명 : YOON/JUNGSOO MR, KIM/SOOK MS

여 정 : KE019 12/01 SEL-SEA, Y CLASS

KE020 12/15 SEA-SEL, Y CLASS

(단, SEA-SEL은 KIM/SOOK MS 승객만 여행)

지시어	NM1YOON/JUNGSOO,MR1KIM/SOOK,MS

🖥 Entry 화면 – YOON JUNGSOO MR(2) [1]

```
>  NM1YOON/JUNGSOO,MR1KIM/SOOK,MS

RP/SELK1394Z/
 1.YOON/JUNGSOO MR    2.KIM/SOOK MS
```

지시어	AN01DECICNSEA/AKE → SS2Y1 → ACR15DEC → SS1Y1

🖥 Entry 화면 – YOON JUNGSOO MR(2) – 01DEC – SEA [1]

```
                      ***  NHP  ***
RP/SELK1394Z/
 1.YOON/JUNGSOO MR    2.KIM/SOOK MS
 3  KE 019 Y 01DEC 7 ICNSEA DK2  1550 0830  01DEC  E  0 77W DB
    CHK APO NAME SEAT TACOMA OR IAD DULLES
    SEE RTSVC
 4  KE 020 Y 15DEC 7 SEAICN DK1  1030 1520  16DEC  E  0 77W LD
    CHK APO NAME SEAT TACOMA OR IAD DULLES
    SEE RTSVC
```

지시어	4/P2	4번 Element를 2번 승객에 연결

🖥 Entry 화면 – YOON JUNGSOO MR(2) – 01DEC – SEA [1]

```
>  4/P2

                      ***  NHP  ***
RP/SELK1394Z/
 1.YOON/JUNGSOO MR    2.KIM/SOOK MS
 3  KE 019 Y 01DEC 7 ICNSEA NN2  1550 0830  01DEC  E  0 77W DB
    CHK APO NAME SEAT TACOMA OR IAD DULLES
    SEE RTSVC
 4  KE 020 Y 15DEC 7 SEAICN NN1  1030 1520  16DEC  E  0 77W LD
    /P2
    CHK APO NAME SEAT TACOMA OR IAD DULLES
    SEE RTSVC
```

지시어	APM-010-1234-7777 → ER → ER

🖥 Entry 화면 – YOON JUNGSOO MR(2) – 01DEC – SEA [1]

```
> ER                          AXR(Associated Cross Reference Record) 정보가 표시되었으며, PNR이 분리되
                              어 생성됨

  AXR FOR PNR:                           ***NHP*** 30JUL 1452
  1.KIM/SOOK MS    1     QZWAKU
  2.YOON/JUNGSOO- 1     QZWIXU
```

지시어	RT1	List에서의 1번 승객 조회

🖥 Entry 화면 – KIM SOOK MS (1) – O1DEC – SEA – 6234 – 7777

```
> RT1

--- AXR RLR SFP ---
RP/SELK1394Z/SELK1394Z              AA/SU  30JUL19/0608Z   QZWAKU
6234-7777
 1.KIM/SOOK MS
 2 KE 019 Y 01DEC 7 ICNSEA HK1  1550 0830  01DEC  E  KE.QZWAKU
 3 KE 020 Y 15DEC 7 SEAICN HK1  1030 1520  16DEC  E  KE.QZWAKU
 4 APM 010-1234-7777
 5 TK OK30JUL/SELK1394Z
 6 OPW SELK1394Z-12AUG:1900/1C7/KE REQUIRES TICKET ON OR BEFORE
       13AUG:1900/S2-3
 7 OPC SELK1394Z-13AUG:1900/1C8/KE CANCELLATION DUE TO NO
       TICKET/S2-3
 8 RM NOTIFY PASSENGER PRIOR TO TICKET PURCHASE & CHECK-IN:
       FEDERAL LAWS FORBID THE CARRIAGE OF HAZARDOUS MATERIALS -
       GGAMAUSHAZ/S2-3
 * SP 30JUL /AASU/SELK1394Z-NHP PROC
   ①    ②        ③            ④
```

① SP : PNR이 분리(Split) 되었음을 나타냄

② 30JUL : 분리(Split)된 날짜

③ 분리(Split) 작업한 직원 Code 및 작업한 여행사 Office ID

④ NHP 작업에 따라 PNR이 분리되었음을 나타냄

지시어	RTAXR	Associaed Cross Reference PNR List 조회

🖥 Entry 화면 – YOON JUNGSOO MR (1)–01DEC – SEA – 5234 – 7777

```
> RTAXR

  AXR FOR PNR:                          QZWIXU    30JUL 1506
  1.KIM/SOOK MS   1    QZWAKU
  2.YOON/JUNGSOO- 1      *
```

PNR 작성의 확장 지시어 정리

Chapter 6

1) 예약 기록(PNR) 분리(Split) 지시어

지시어	설명
PNR 조회 → SP2 → EF → EF → ET → ET	2번 승객 분리 후 저장
SP1-2	여러 명의 승객 중에서 1-2번 승객 분리
SP1, 3-5	여러 명의 승객 중에서 1번, 3-5번 승객 분리
RTAXR	분리된 각각의 PNR 조회

2) PNR Copy 지시어

지시어	설명
RRI	여정만 Copy
RRN	여정 & 연락처 정보 COPY
RRP	성명 & 연락처 정보 Copy
RRA	여정 & 연락처 정보 및 AXR Record 생성
RRI/3	좌석 수를 3개로 변경하여 여정 Copy
RRN/CM	Booking Class를 M으로 변경하여 여정 Copy
RRN/S6	여정 중 6번 Segment만 지정해서 PNR Copy
RRN/S7CE	7번 여정의 Booking Class를 E로 변경하여 PNR Copy
RRN/S6D03NOV	여정 중 6번 여정의 날짜를 11월 3일로 변경해서 PNR Copy

실습문제

Chapter 6

실습 1. PNR Split

구분	문제	지시어
승객 성명	① 본인 ② PARK/NARAE MS	
연락처	① 02-710-3100 NARA TOUR ② 본인 휴대폰 번호	
여정	① 11/27 서울-LA KE Y CLASS ② 12/3 LA-서울 KE Y CLASS 　　단 좌석이나 스케줄이 없는 경우 임의로 예약 가능	
PNR 저장	PNR Address :	
변경 사항	2번 승객 귀국편 날짜 변경 : 12/3 → 12/5	
요청자	본인	
PNR 저장	New PNR Address	

🔍 실습 2. PNR Split

구분	문제	지시어
승객 성명	① 본인 ② OH/NAMI MS ③ OH/JAEMI MR	
연락처	① 02-700-2600 KANGSAN TOUR ② 본인 휴대폰 번호 ③ 2번 승객 휴대폰 번호 010-3333-5555	
여정	① 3/05 서울-하노이 KE Y CLASS ② 3/10 하노이-서울 KE Y CLASS 　단 좌석이나 스케줄이 없는 경우 임의로 예약 　가능	
PNR 저장	PNR Address :	
변경 사항	2번과 3번 승객 전체 여정 취소	
요청자	본인	
PNR 저장	New PNR Address	

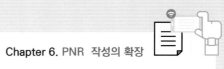

🔍 실습 3. Copying PNR

구분	문제	지시어
승객 성명	① 본인 ② NA/DONGBAN MR	
연락처	① 02-777-3333 DONGBAN TOUR ② 본인 휴대폰 번호	
여정	① 11/07 서울-싱가폴 KE M CLASS ② 11/17 싱가폴-서울 KE M CLASS 단 좌석이나 스케줄이 없는 경우 임의로 예약 가능	
PNR 저장	PNR Address :	
PNR Copy	동일 여정, 연락처로 1좌석 Copy 추가 승객 : NA/DONGSEOK MR	
연락처	나동석 휴대폰 번호 010-7755-5577	
요청 사항	나동석 승객 전체 여정에 채식 신청	
PNR 저장	Copy PNR Address	

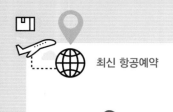
실습 4. NHP PNR 저장

구분	문제	지시어
승객 성명	① SUNG/DONGIL MR ② LEE/ILHWA MS ③ SUNG/DEOKSOON MS	
연락처	① 02-555-2500 GANGNAM TOUR ② 성동일 휴대폰 번호 010-3122-7788 ③ 성덕순 휴대폰 번호 010-3111-7788	
여정	① 12/03 서울-밴쿠버 KE Y CLASS 승객 전체 ② 12/07 밴쿠버-서울 KE Y CLASS 승객1-2번만 　　단 좌석이나 스케줄이 없는 경우 임의로 예약 가능	
여정 연결	밴쿠버-서울 여정을 승객1-2번에 연결	
PNR 저장	1-2번 승객 PNR 3번 승객 PNR	

실전문제

Chapter 6

1 PNR Split을 하고 End Transaction을 한 다음의 응답 화면을 참고하여 분리된 Parent PNR과 Associate PNR을 각각 기재하시오.

```
>  ET
END OF TRANSACTION COMPLETE - RTN64W - KE/7314-3003 SP-RU268N - KE/1214-8142
```

① Parent PNR :

② Associate PNR :

2 다음과 응답 화면과 같이 분리(Split)된 PNR List를 조회할 수 있는 Entry를 기재하시오.

```
AXR FOR PNR:                            RTN64W     04AUG 1710
1.LEE/ILHWA MS  1     RU268N
2.SUNG/DEOKSOO- 1     RTN9XP
3.SUNG/DONGIL - 1       *
```

❸ 아래 작성된 PNR의 여정만 Copy하되 좌석은 2좌석으로 조정하여 Copy하는 Entry를 기재하시오.

```
--- RLR ---
RP/SELK1394Z/SELK1394Z            AA/SU  29JUL19/0728Z   QUM6KS
2345-7890
 1.KIM/YOOJUNG MS   2.KIM/SOOHYUN MR    3.KONG/YOO MR
 4.KIM/GOEUN MS   5.LEE/HANI MS
 6  KE 905 Y 05NOV 2 ICNFRA HK5  1320 1730  05NOV  E  KE/QUM6KS
 7  KE 932 Y 12NOV 2 FCOICN HK5  2215 1700  13NOV  E  KE/QUM6KS
 8 AP SEL 1566-0014 - TOPAS TRAINING UNIVERSITY - A
 9 APM 010-2345-7890/P2
10 APM 010-3333-7777/P3
```

❹ 다음과 같은 PNR 작성 시 1번 승객만 1/5일 뉴욕-인천 복편을 예약하고자 할 때 4번 여정과 1번 승객을 연결하는 Entry를 기재하시오.

```
                    ***  NHP  ***
RP/SELK1394Z/
 1.NA/GASU MR   2.NA/BAEWOO MS
 3  KE 081 H 30DEC 1 ICNJFK DK2  1000 1000  30DEC  E  0 388 LM
    SEE RTSVC
 4  KE 082 H 05JAN 7 JFKICN DK1  1200 1625  06JAN  E  0 388 LD
    SEE RTSVC
```

MEMO

7 Chapter

Group Booking

1. 단체 (GROUP)의 정의

1) 단체구성의 조건

① 성인 10명 이상의 구성원이 두 구간 이상의 동일구간 ^(왕복)을 같은 날짜에 함께 여행하는 경우
② 인원 구성 면에서 어린이 2명을 성인 1명으로 간주
③ 하나의 PNR에 99명까지 예약할 수 있다. ^{(원칙적으로는 99명까지 가능하나 원활한 Data 전송} ^{을 위해 한 PNR에 최대 32명까지만 예약하는 것으로 권장)}

2) 단체의 형태

① 실제 승객이 없는 상태에서 좌석 선 확보 후 모객하는 형태^(PKG)
② 승객이 모객 된 상태에서 좌석을 확보하는 형태^(INC)

3) 단체예약의 특성

① 일반 TOPAS Sellconnect Mode에서는 대한항공^(KE) 즉, 1A SUA^(System User Airline) 의 경우 기본적으로 예약 가능하다. 그 외 1A SUA 아닌 타 System 사용 항공사 는 해당 항공사로 직접 요청하여야 한다.^(1A SUA : AF/KE/KL/BA/AY/SA/SV/LH/CX/SQ 등)
  ○ SEL-KE-PAR-KE-SEL : TOPAS Sellconnect에서 단체예약 가능
  ○ SEL-KE-PAR-AF-LON-KE-SEL : TOPAS Sellconnect에서 단체예약 가능
  ○ SEL-OK-PRG-OK-LON-BA-PRG-OK-SEL : 항공사^(OK)로 직접 요청
② 단체예약은 PNR을 작성한 뒤 항공사로 PNR을 Queue를 통해 전송하여 일단 PNR Request 한 뒤, 차후 항공사로부터 좌석확약의 여부를 전송 받아야 한다.

2. 단체 PNR의 작성

1) 성명

> NG15INHA TOUR : 성명은 단체명을 사용해 입력

☞ NG : NAME GROUP

15 : 총 인원수

INHA TOUR : 단체 명 (FREE TEXT 입력)

```
    >  NG15INHA TOUR

  RP/SELK1394Z/
  0. 15INHA TOUR   NM: 0
  *TRN*

    >
```

2) 여정의 작성

① Short Sell Entry

> AN15OCTSELBKK/AKE   SS15G2/SG

② Long Sell Entry

SSKE651G15OCTSELBKKSG15

```
AN15OCTSELBKK/AKE
** AMADEUS AVAILABILITY - AN ** BKK BANGKOK.TH            96 TU
15OCT 0000
 1  KE 657  P8 A2 J9 C9 D9 I9 R5 /ICN 2 BKK    0905    1245  E0/77W
            Z7 Y9 B9 M9 S9 H9 E9 K9 L9 U9 Q9 NL TL GL
 2  KE 651  J9 C9 D9 I4 RL Z9 Y9 /ICN 2 BKK    1805    2145  E0/773
            B9 M9 S9 H9 E9 K9 L9 U9 Q9 NL TL GL
 3  KE 659  J9 C9 D2 I1 RL Z5 Y9 /ICN 2 BKK    1945    2350  E0/333
            B9 M9 S9 H9 E9 K9 L9 U9 Q9 N9 TL GL
 4  KE1123  C8 Z2 Y9 B9 M9 S9 H9 /GMP D PUS D  1800    1905  E0/739
            E9 KL LL UL NL GL Q5 T5 VL
    KE 661  J9 C9 D9 I9 RL Z5 Y9 /PUS I BKK    2040   0015+1E0/333
            B9 M9 S9 H9 E9 K9 L9 U9 QL NL TL GL


 >SS15G2/SG


RP/SELK1394Z/
0. 15INHA TOUR  NM: 0
1 KE 651 G 15OCT  ICNBKK HN15 1740 2110 15OCT E 0 773 D
 >
```

☞ SG Code를 입력하지 않아도 예약은 가능하나 항공사로의 Data 전송이 원활하도록 단체 PNR의
  경우 반드시 "SG" Code를 입력한다.

3) Group Fare 입력

```
 >SR GRPF KE-GV10


RP/SELK1394Z/
0. 15INHA TOUR  NM: 0
1 KE 651 G 15OCT  ICNBKK HN15 1740 2110 15OCT E 0 773 D
2 SSR GRPF KE GV10
```

☞ GV : Group(단체)에 대한 Fare Code임.

4) AP 입력

```
RP/SELK1394Z/
0. 15INHA TOUR  NM: 0
1 KE 651 G 15OCT  ICNBKK HN15 1740 2110 15OCT E 0 773 D
2 SSR GRPF KE GV10

 3 AP 032-870-2565 INHA TOUR
 4 AP 010-3316-6356 KANG/GUIDE-M
*TRN*
```

5) 저장

ER

```
>ER
--- RLR ---
RP/SELK139Z/SELK1394Z        AA/GS    10JUL19/1017Z 3MF3VW
0964-3419
0. 15INHA TOUR  NM: 0
1 KE 651 G 15OCT  ICNBKK HN15 1740 2110 15OCT E KE/3MF3VW
2 SSR GRPF KE GV10
3 AP 032-870-2565 INHA TOUR
4 AP -010-3316-6356 KANG/GUIDE-M
5 TK OK05OCT/SEL1A0983
6 SSR GRPF KE GV10
```

☞ 1차 ER을 하면 APM 번호 기준으로 생성될 PNR 번호를 먼저 보여주고 2차 ER(저장 및 확약)을 하면 PNR번호가 확정되면서 완성된 PNR이 화면에 조회된다. 단, 단체 예약의 경우, 예약 번호를 임의 지정할 수 없다.

3. 실제 승객명 입력 및 취소

1) 이름 입력

NM1KANG/INHA,MR

```
>NM1KANG/INHA,MR
--- RLR ---
RP/SELK139Z/SELK1394Z         AA/GS    10JUL19/1017Z 3MF3VW
0964-3419
0. 14INHA TOUR  NM: 1
1 KE 651 G 15OCT  ICNBKK HN15 1740 2110 15OCT E KE/3MF3VW
2 SSR GRPF KE GV10
3 AP 032-870-2565 INHA TOUR
4 AP -010-3316-6356 KANG/GUIDE-M
5 TK OK05OCT/SEL1A0983
6 SSR GRPF KE GV10
```

① 입력된 이름 확인

RTN

```
RP/SELK139Z/SELK1394Z         AA/GS    10JUL19/1017Z 3MF3VW
0964-3419
0. 14INHA TOUR  NM: 1
BKD:15           CNL: 0              SPL: 0
1.KANG/INHA MR
```

☞ 실제 이름 입력 후 반드시 ER 하여 저장한다.

② 이름/여정 동시 조회

RTW-09643419

```
>RTW-09643419

--- RLR ---

RP/SELK139Z/SELK1394Z        AA/GS    10JUL19/1017Z 3MF3VW

0964-3419

0. 14INHA TOUR  NM: 0

BKD: 14          CNL: 0              SPL: 0

1 KE 651 G 15OCT  ICNBKK HN15 1740 2110 15OCT E KE/3MF3VW

2 SSR GRPF KE GV10

3 AP 032-870-2565 INHA TOUR

4 AP -010-3316-6356 KANG/GUIDE-M

5 TK OK05OCT/SEL1A0983

6 SSR GRPF KE GV10
```

2) 이름 취소

- Group 감원 결과

① 삭제할 승객을 Split 하여 PNR 최소한다.

```
RTN

RP/SELK139Z/SELK1394Z        AA/GS    10JUL19/1017Z 3MF3VW

0964-3419

0. 11INHA TOUR  NM: 0

BKD: 14          CNL: 0              SPL: 0

1.KANG/INHA MR   2. KANG/NAYUL MS     3. KANG/AJI MS
```

② 절차

SP3 → EF → ET 후 Split 한 PNR 여정 삭제

```
SP3
--- RLR ---
-ASSOCIATE PNR-
RP/SELK139Z/SELK1394Z        AA/GS   10JUL19/1017Z 3MF3VW
0964-3419
0. 0INHA TOUR  NM: 1
BKD: 14            CNL: 0              SPL: 0
1 KE 651 G 15OCT  ICNBKK HN1 1740 2110 15OCT E KE/3MF3VW
2 SSR GRPF KE GV10
3 AP 032-870-2565 INHA TOUR
4 AP -010-3316-6356 KANG/GUIDE-M
5 TK OK05OCT/SEL1A0983
6 SSR GRPF KE GV10
* SP 10JUL/HJSU/SEL1A0983-2JT5QI
```

4. Group 감원

1) No Name에서 감원

SP0.2

☞ SP : 취소 기본 지시어
   0 : No Name Field
   . : 구분 코드
   2 : 감원하고자 하는 인원 수

5. Group PNR 항목별 확인

Code	Entry	기 능
N	RTN	최종 Name Element 확인
W	RTW	실 명단 + 전체 PNR
A	RTA	Air Segment 확인
F	RTF	Fare Element 확인
G	RTG	General Fact 확인
I	RTI	Itinerary Segment 확인
J	RTJ	Phone Element 확인
K	RTK	Ticketing Element 확인
NR	RTNR	Name Change 이전 명단 확인
O	RTO	Optional Element 확인

Chapter

8

Booking Class

1. Class의 종류

1) IATA Cabin Class(운송등급)

실제 항공편에 설치, 운영되는 등급으로 승객이 실제 탑승하는 등급을 말한다.

- 일등석 (First Class)
- 이등석 (Business/Prestige Class)
- 일반석 (Economy Class)

2) Booking Class(예약등급)

항공좌석판매, 예약 시 수요 특성별, 지역별로 구분한 등급으로 항공사마다 각기 다르게 운영된다. 대부분 운임은 Stopover 횟수, 여정기한, Transfer 횟수 등에 따라 Booking Class가 결정되고, 각각의 운임에는 해당 BKG CLS가 따로 정해져 있다.

즉, 같은 항공운송 Class 일반석일지라도 승객의 여정 조건에 따라 예약자는, 항공예약 시에 승객의 여정 조건을 확인하여 그에 알맞은 가장 저렴한 운임의 해당 BKG CLS로 예약을 해야 한다.

3) Booking Class 개요 및 확인 절차

① 배경 : 항공사의 효율적인 좌석 통제와 수입을 극대화하기 위한 전산 Data System
- 지역 별(Yield Management System) 코드 및 Revenue Data 확인 필요
- 운임 별(Fare Basis) 코드 및 Revenue Data 확인 필요
  - 특히 공급 좌석수가 제일 많은 Y-Class에 대한 Booking Class 발달

② IATA Cabin Class : F, C, Y

Airline Booking

Class   : R, P, F, J, C, Y, W, K, M, B, Q,

T, Z, G, R, E, V, X, 등등 (알파벳 26개 중 현재 약 22개 사용 중)

> **참고**
>
> - IATA Normal Fare   : F, C, Y
>   여행개시일로부터 1년, 도중 체류 및 기타 제한 없음
> - Airline Special Fare : PX(Super Excursion), EE(Excursion) 등 Y운임에 적용하
>   며, KE의 경우 여행 개시일로부터 6개월, 12개월 유효 기간
>   규정으로 제한 사항 및 지역별 적용 코드를 준수해야 한다.

4) Airline별 Booking Class 확인 후 적용

○ KE의 경우

FQDSELBKK (운임 조회 후), 여정 규정에 맞는 Booking Class 확인 후 예약

FQDSELBKK → FQS1, 운임 규정 조회 FQDSELBKK → FQN2

○ OAL의 경우

WWW.TOPASWEB.COM에서 해당 항공사 홈페이지 접속, 판매가 테이블 조회

후 적용

 사례 1

여정 : KE 이용, 9월 30일 인천 → 방콕, 다음 해 1월 15일 방콕 → 인천

조건 : 예약 후 3일 이내 발권 예정, 약 4개월 체류

FQDSELBKK/D30SEP/AKE/IL,X

```
> FQDSELBKK/D30SEP/AKE

FQDSELBKK/D30SEP/AKE
BA  BI  BR  B7  CA  CI  CX  CZ  EK     TAX MAY APPLY
ET  GA  GS  HU  HX  HZ  IT  JL  KA     SURCHG MAY APPLY-CK RULE
KL  LH  LJ  MH  MI  MU  NX  NZ  OZ
PR  QF  QR  QV  SQ  TG  VA  VN  WY
XF  3U  /YY*AC AF  AK  BG  CA  CG
CO  C6  D2  D7  EK  FD  FP  FR  FY
F5  GI  GX  G5  HC  H1  JD  KC  KE
LH  LL  M8  NW  OZ  QH  QZ  RY  R3
R8  SB  TB  TO  TW  UA  UK  VJ  VK
VY  WW  W5  W7  X4  X5  YC  ZH  ZL
3Q  5Q  6Q  7A  9B  9G  9H  9R  9X
ROE 1111.900 UP TO 100.00 KRW
30SEP15**30SEP15/KE SELBKK/NSP;EH/TPM  2286/MPM  2743
LN FARE BASIS     OW    KRW   RT    B PEN  DATES/DAYS    AP MIN MAX R
01 ROW         1651700          R  -    -     -     -   -   -  M
02 RRT                 3003000  R  -    -     -     -   -   -  M
03 POW         1453600          P  -    -     -     -   -   -  M
04 FOW         1321400          F  -    -     -     -   -   -  M
05 PRT                 2642800  P  -    -     -     -   -   -  M
>                                          PAGE  1/ 3
*TRN*
```

☞ Booking Class -B- 항목에서 조건에 적합한 Class를 찾아 예약 시 적용
　 15번 항목의 경우 MSDOWKE를 적용할 경우 Booking Class 는 "M"이다.
　 또는 FQS15 (FQS라인번호)로도 확인할 수 있다.

FQS15

```
> FQS15

FQS15

**  RULES DISPLAY  **                    TAX MAY APPLY
                                         SURCHG MAY APPLY-CK RULE
30SEP15**30SEP15/KE SELBKK/NSP;EH/TPM    2286/MPM  2743
LN FARE BASIS     OW    KRW    RT   B PEN  DATES/DAYS   AP MIN MAX R
15 MSDOWKE      568300             M  -     -      -    + -   -   - R


 PRIME BOOKING CODE WHEN NO EXCEPTIONS APPLY
     M


 EXCEPTIONS
      VIA KE  M/Y   REQUIRED   WITHIN KR
      VIA NX  S     REQUIRED
      VIA PX  B     REQUIRED   BETWEEN MNL-POM
      VIA RA  M     REQUIRED
 >                                          PAGE  1/ 1
 *TRN*
```

2. Booking Class 결정 과정

Booking Class는 승객의 선호 Cabin Class, 여행기간, 사전 발권 조항, 중간 도시 체류 여부, 왕복/편도, 각종 제한사항(Restriction) 등에 따라 상이하게 적용할 수 있다. 가장 일반적인 방법은 운임 소개 화면을 통해 결정하는 것이지만 항공사마다 적용해야 할 Class Code가 상이하므로 반드시 항공사 규정 확인이 필요하다.

1) 일반적인 확인 사항

- 탑승CLS
- 왕복/편도
- 여행 기간
- Stopover횟수
- Transfer
- 기타

```
ROE 1111.900 UP TO 100.00 KRW
30SEP15**30SEP15/KE SELBKK/NSP;EH/TPM  2286/MPM  2743
LN FARE BASIS     OW   KRW  RT    B PEN   DATES/DAYS    AP MIN MAX R
01 ROW         1651700          R -     -     -       - - -  M
02 RRT                  3003000 R -     -     -       - - -  M
03 POW         1453600          P -     -     -       - - -  M
04 FOW         1321400          F -     -     -       - - -  M
05 PRT                  2642800 P -     -     -       - - -  M
>                                             PAGE  1/ 3

> MD

30SEP15**30SEP15/KE SELBKK/NSP;EH/TPM  2286/MPM  2743
LN FARE BASIS     OW   KRW  RT    B PEN   DATES/DAYS    AP MIN MAX R
06 JOW         1211100          J -     -     -       - - -  M
07 FRT                  2402400 F -     -     -       - - -  M
08 COW         1101000          C -     -     -       - - -  M
09 JRT                  2202000 J -     -     -       - - -  M
10 CRT                  2001800 C -     -     -       - - -  M
11 IBIZKR               1801700 I +     -     -       + 3 - 6M+R
12 YOW          757700          Y -     -     -       - - -  M
```

```
13 YRT                    1377600 Y  -     -        -      - -   - M
14 YLOWKE      610000             Y  -     S08SEP   01OCT  - -   - R
15 MSDOWKE     568300             M  -     -        -    + - -   - R
16 YLRTKE                 1100000 Y  -     S08SEP   01OCT  - -   - R
17 BLOWKS      530000             B  +     S08SEP   01OCT  - -   - R
18 BLEKS1                 1051000 B  +     S08SEP   01OCT  - - 12M M
19 MSDRTKE                1033200 M  -     -        -    + - - 12M R
20 BLEKS                   890000 B  +     S08SEP   01OCT  - - 12M R
21 MLOWKS      440000             M  +     S08SEP   01OCT  - -   - R
22 HSKYASA7    422600      845100 H  +     -        -    + 3 -   - R
23 MLEKS1                  839600 M  +     S08SEP   01OCT  - - 12M M
>                                               PAGE   2/ 3
*TRN*
```

항 목	설 명
LN	Line Number
FARE BASIS	운임의 종류
OW	One Way Fare
KRW	Currency Code
RT	Round Trip Fare
B	Booking Class
PEN	Penalty Information
DATES/DAYS	Seasonality, 요일 등에 대한 규정
AP	Advanced Purchase (사전구입 조건)
MIN	Minimum Stay (최소 체류 의무 기간)
MAX	Maximum Stay (최대 체류 허용 기간)
R	R: Routing Information, M: Mileage Information

3. KE 한국 출발 국제선 Booking Class

1) High Class

SkyTeam BCC합의^(안) 기준 Booking Class Code만 변경

Cabin	운임 수준	BKG CLS		BCC 기준
		현행	변경	
FR	High	F(R/P)	F(R/P)	F
	Award	A	A	
PR	High	C(J)	C(J)	C
	Middle	O	D	D
	Low	Z	I	I
	Award(U/G)	I	Z	
	Award(F.O.C)	D	O	O

2) Economy Class

운임 수준	현행				변경		BCC 기준
	CLS	3수송	4수송	6수송	CLS	3/4/6수송	
High	Y	●	●	●	Y	●	Y
High	K	●	●		B	●	B
High	M	●			M	●	M
High	S			●			
Mid	H		●		H	●	
Mid	E	●			E	●	
Mid	B	●			K	●	K
Mid	L		●				
Mid	T			●			
Low	Q			●	Q	●	
Low	V			●	T	●	T
GRP	G/X/V	●	●	●	G	●	G
Award	U	●	●	●	X	●	X

9 Chapter

예약코드
(Reservation Status Code)

1. 예약코드란 (HE Code)

좌석을 예약하기 위해서는 System에 유지되고 있는 Inventory^(좌석 재고)를 일련의 Code를 통해 요청하고^(Action Code) 그에 대한 응답을 받아^(Advice Code) 상태를 유지하는 ^(Status Code) 형태로 이루어진다. 전 세계 항공사가 공통적으로 사용하는 여러 Code를 IATA에서 정해놓고 있다.

2. 예약코드의 종류

종류	요청 형태	내용
요청 코드(Action Code)	여행사 → 항공사 항공사 → 항공사	항공사로 좌석을 요청하는 코드
응답 코드(Advice Code)	항공사 → 항공사 항공사 → 여행사	여행사로 요청한 좌석에 대한 응답을 받은 코드
상태 코드(Status Code)	PNR에 최종적으로 유지되는 코드	

1) 요청코드(Action Code) : 여행사 → 항공사, 항공사 → 항공사

○ NN : Need, Segment부대 서비스 요청 시 사용하는 가장 기본적인 요청코드

○ DK : 좌석판매 Confirm을 나타내는 코드

○ DW : 대기자 요청 코드

○ SS : Authorized Sell, 좌석을 판매한 상태

  * 항공사 Link Level에 따라 "SS"로 요청되는 경우 HK된 후 항공사로부터

- "UC/US"가 유입될 수 있음으로 예약 후 반드시 항공사에 예약확인 필요
- PK : 타 GDS에서 예약한 여정의 경우, 발권을 위해 사용하는 코드(기존 QK 코드)
- GK : 실제 예약이 이루어지지 않은 상태에서 Fare Pricing용으로 사용되며, 발권은 불가하고 해당 항공사로 메시지 전송은 되지 않은 코드
- SG : Group Booking시 사용되는 요청 Code
- PE : Priority Waitlist, 대기 좌석 요청 시 사용(1A SUA)

2) 응답코드 (Advice Code) : 항공사 → 여행사, 항공사 → 항공사

- KK : Confirming요청된 내용 (항공편, 기타 요청 사항)이 OK되었음을 통보함.
- UU : Unable-Have Waitlisted요청된 내용이 현재는 불가하며 대기자 명단에 있음을 통보함.
- US : Unable to Accept Sale. Have Waitlisted. Sell & Report Agreement에 의거 좌석을 판매하였으나, 해당 항공사가 Accept하지 않음. 대기자에 List된다.
- UC : Unable Flight Closed. Have Not Waitlisted 대기자도 불가함을 통보.
- UN : Unable, Flight Does Not Operate or Special Service Not Provided요청한 비행편이 운항을 하지 않거나 요청한 서비스가 제공되지 않음을 통보
- NO : No Action Taken요청사항이 잘못 되었거나 기타의 이유로 Action을 취하지 않았음을 통보.Action을 취하지 않은 경우 이유는 Fact난에 통보된다.
- KL : Confirming Form Waiting List대기자 명단에 있던 승객이 대기자로부터 좌석이 OK되었음을 통보
- TK : 출발시간 변경이나 FLT NO변경으로 인해 변경된 SKD로 OK 되었음을 통보 주로 UN/TK가 함께 보여진다. (HL→UN→TK)
- TL : 기존 대기 상태에서 출발시간 변경이나 FLT NO 변경으로 인해 변경된 SKD로 대기자 명단에 List되었음을 통보. (HL→UN→TL)
- HX : Holding Cancelled항공사에 의해 여정이 취소되었음을 나타낸다. 주로 TTL 경과, ARR INFO 부재, Name CHNG 등 예약규정에 벗어난 예약 경우 항공사에서 사전 정리할 목적으로 사용되며, SSR 사항에 그 사유가 통보된다.

3) 상태코드 (Ststus Code)

- HK : Holds Confirmed예약이 확약되어 있는 상태
- HL : Have Waitlisted예약이 대기자 명단에 올려있는 상태

4) 기타 코드

- HN : Holding Need, Pending For Reply항공사 좌석을 요청하고 응답이 오기까지 유지되는 코드그룹의 경우 SG로 요청하면 HN으로 보여진다.
- DL : Deleted from Confirming List, KL 상태에서 대기자로 되돌려진 상태

3. 예약코드의 흐름도

요청코드	응답코드	상태코드

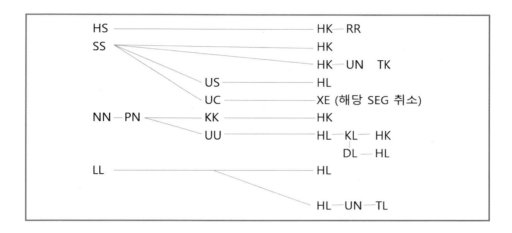

4. 예약 상태 코드로의 변경

응답코드는 반드시 상태 코드로 변경하여 현재 좌석의 상태가 어떠한지를 명확히 Clear 시켜야 한다.

① 자동정리

요청코드	OR	ERK
(상태코드 자동정리+PNR 저장)		(상태코드 자동정리+PNR저장+PNR조회)

예제)

```
--- RLR ---
RP/SELK1394Z/SELK1394Z           AA/SU  11JUL19/0201Z   OXBMVH
2870-2565
  1.KANG/NAYUL MS   2.KANG/DANIEL MR
  3  KE 657 Y 01OCT 2 ICNBKK UN2  0905 1245  01OCT  E  KE/OXBMVH
  4  KE 657 Y 01OCT 2 ICNBKK TK2  0905 1245  01OCT  E  KE/OXBMVH
  5  KE 660 Y 10OCT 4 BKKICN HK2  0950 1735  10OCT  E  KE/OXBMVH
  6 AP 032-870-2565 INHA TOUR MS.KIM
  7 AP 010-3316-6356 KANG/NAYUL
  8 TK OK11JUL/SELK1394Z
  9 OPW SELK1394Z-24JUL:1900/1C7/KE REQUIRES TICKET ON OR
```

자동정리

ETK	OR	ERK

응답화면)

```
--- RLR ---
RP/SELK1394Z/SELK1394Z            AA/SU  11JUL19/0201Z   OXBMVH
2870-2565
  1.KANG/NAYUL MS    2.KANG/DANIEL MR
  3  KE 657 Y 01OCT 2 ICNBKK HK2  0905 1245  01OCT  E  KE/OXBMVH
  4  KE 660 Y 10OCT 4 BKKICN HK2  0950 1735  10OCT  E  KE/OXBMVH
  5 AP 032-870-2565 INHA TOUR MS.KIM
  6 AP 010-3316-6356 KANG/NAYUL
  7 TK OK11JUL/SELK1394Z
  8 OPW SELK1394Z-24JUL:1900/1C7/KE REQUIRES TICKET ON OR BEFORE
        25JUL:1900/S3-4
  9 OPC SELK1394Z-25JUL:1900/1C8/KE CANCELLATION DUE TO NO
        TICKET/S3-4
*TRN*
```

② 수동정리

2/HK

APPENDIX

부록

최신 항공예약

● 주요 도시코드

CODE	CITY	CODE	CITY
AKL	AUCKLAND	MOW	MOSCOW
AMS	AMSTERDAM	NYC	NEW YORK
BJS	BEIJING	OSA	OSAKA
BOS	BOSTON	PAR	PARIS
CHI	CHICAGO	ROM	ROME
FRA	FRANKFURT	SEA	SEATTLE
FUK	FUKUOKA	SFO	SAN FRANCISCO
GUM	GUAM	SGN	HO CHI MINH CITY
HKG	HONGKONG	SHA	SHANGHAI
HNL	HONOLULU	SIN	SINGAPORE
JKT	JAKARTA	SYD	SYDNEY
JUL	KUALA LUMPUR	TPE	TAIPEI
LAX	LOS ANGELES	TYO	TOKYO
LON	LONDON	YTO	TORONTO
MEX	MEXICO CITY	YVR	VANCOUVER
MNL	MANILA	ZRH	ZURICH

● 국내 도시코드

CODE	CITY	CODE	CITY
CJJ	CHEONGJU	PUS	BUSAN
CJU	JEJU	RSU	YEOSU
HIN	JINJU	SEL	SEOUL (ICN,GMP)
KAG	GANGNEUNG	SHO	SOKCHO
KPO	POHANG	TAE	DAEGU
KUV	GUNSAN	USN	ULSAN
KWJ	GWANGJU	YEC	YECHEON
MPK	MOKPO	YNY	YANGYANG
MWX	MUAN		

● 동일 도시 내의 복수 공항코드

CITY CODE	AIRPORT CODE	
LON	LGW	GATWICK AIRPORT
	LHR	HEATHROW AIRPORT
	LCY	CITY AIRPORT
NYC	EWR	NEWARK AIRPORT
	JFK	JOHN F KENNEDY AIRPORT
	LGA	LA GUARDIA AIRPORT
OSA	ITM	ITAMI AIRPORT
	KIX	KANSAI AIRPORT
PAR	CDG	CHARLES DE GAULLE AIRPORT
	ORY	ORLY AIRPORT
TYO	NRT	NARITA AIRPORT
	HND	HANEDA AIRPORT
SHA	PVG	PUDONG AIRPORT
	SHA	HONG QIAO AIRPORT

● 주요 항공사 코드

CODE	AIRLINE	CODE	AIRLINE
AA	AMERICAN AIRLINES	JL	JAPAN AIRLINES
AC	AIR CANADA	KE	KOREAN AIR
AF	AIR FRANCE	KL	KLM ROYAL DUTCH
AY	FINN AIR	LH	LUFTHANSA GERMAN
BA	BRITISH AIRWAYS	MH	MALAYSIA AIRLINES
CA	AIR CHINA	OZ	ASIANA AIRLINES
CI	CHINA AIRLINES	PR	PHILIPPINE AIRLINES
CX	CATHAY PACIFIC	QR	QATAR AIRWAYS
DL	DELTA AIRLINES	SQ	SINGAPORE AIRLINES
EK	EMIRATES AIRLINE	TG	THAI AIRWAYS
EY	ETIHAD AIRWAYS	UA	UNITED AIRLINES
GA	GARUDA INDONESIA	VN	VIETNAM AIRLINES

✪ Phonetic Alphabet

LETTER	PHONETIC ALPHABET	LETTER	PHONETIC ALPHABET
A	ALPHA	N	NOVEMBER
B	BROVO	O	OSCAR
C	CHARILE	P	PAPA
D	DELTA	Q	QUEEN
E	ECHO	R	ROMEO
F	FATHER	S	SMILE
G	GOLF	T	TANGO
H	HOTEL	U	UNIFORM
I	INDIA	V	VICTORY
J	JULIET	W	WHISKY
K	KILO	X	X-RAY
L	LIMA	Y	YANKEE
M	MICHAEL	Z	ZULU

MEMO

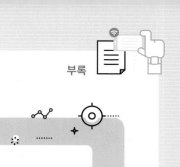

MEMO

MEMO

저자 프로필

강희준

현) 인하공업전문대학 관광경영과 교수
전) 오산대학교 항공서비스과 교수
전) CHINA AIRLINES (중화항공) 여객영업&마케팅부 근무

경기대학교 일반대학원 관광경영학과 석사
한국항공대학교 일반대학원 경영학과 박사

2019 부천시 청년정책 기본계획 수립 연구 제안서 평가위원 (경기도 부천시)
2019 평화의 섬 선포식 및 음악제 운영 용역 제안서 평가위원 (인천관광공사)
2019 경기도 해운물류청년취업아카데미 이론 교육사 선정 평가위원 (평택항만공사)
2019 한성백제문화제 행사 제안서 평가위원 (서울시 송파구청)
2019 주섬주섬 음악회 운영대행 제안서 평가위원 (인천관광공사)
2019 인천관광 외국어 SNS 및 서포터즈 운영 제안서 평가위원 (인천관광공사)
2019 경기도 청소년 활동 진흥센터 평가위원

정인경

현) 인하공업전문대학 관광경영과 겸임교수
전) 서정대학교 겸임교수
전) 숭의여자대학교 겸임교수
전) 전 에어캐나다 여객영업부 근무
전) 알리딸리아 이탈리아 항공 예약발권부 근무
전) 대한항공 김포공항 발권부 근무

경기대학교 관광전문대학원 여행항공크루즈경영 관광학 석사
경기대학교 관광전문대학원 여행항공크루즈경영 관광학 박사

고주희

현) 경인여자대학교 항공관광과 초빙교수
전) 문화체육관광부 산하기관 한국문화관광연구원 관광정책실 위촉연구원
전) 서울호텔관광직업전문학교 NCS여행항공서비스 책임교수
전) 문화예술실용전문학교 관광서비스계열 전임교수
전) 경기대학교 교직학부, 한국관광대학교 관광영어과 강사
전) NEW TOUR CHINA AIRLINE TRAVEL AGENCY 근무

동국대학교 국어국문학과 학사 졸업 (문학사)
경기대학교 일반대학원 관광경영학과 석사 졸업 (관광학석사)
경기대학교 일반대학원 관광경영학과 박사 졸업 (관광학박사)
동국대학교 일반대학원 교육학과 박사 수료 (인적자원개발전공)

중등학교 정교사 2급 국어 교원 자격증
직업능력개발훈련 교사 3급 평생직업교육 교원 자격증

최신 항공예약

초판 1쇄 인쇄 2019년 8월 26일
초판 1쇄 발행 2019년 8월 30일

저　자　강희준 · 정인경 · 고주희
펴낸이　임 순 재
펴낸곳　**(주)한올출판사**
등　록　제11-403호
주　소　서울시 마포구 모래내로 83(성산동 한올빌딩 3층)
전　화　(02) 376-4298(대표)
팩　스　(02) 302-8073
홈페이지　www.hanol.co.kr
e-메 일　hanol@hanol.co.kr
ISBN　979-11-5685-801-0